"Dentro la Mente Criminale: Esplorando la Criminologia"

"Un'analisi approfondita delle teorie, dei metodi e delle pratiche che definiscono il crimine e la sua prevenzione nel mondo moderno."

Copyright © 2024 Stefano F. Muneracchi

Tutti i diritti riservati

Nessuna parte di questo libro può essere riprodotta in qualsiasi forma senza il permesso scritto dell'editore o dell'autore, ad eccezione di quanto consentito dalla legge sul copyright italiana

Sommario

Capitolo 1
Introduzione Alla Criminologia

1. Origini della Criminologia

La criminologia, come campo di studio, ha radici antiche che affondano nelle prime società umane. L'origine della criminologia può essere tracciata attraverso vari momenti storici che hanno contribuito a definire la comprensione moderna del crimine e della devianza.

Le Prime Società e la Giustizia Informale

Nelle società primitive, il concetto di crimine era strettamente legato alla sopravvivenza del gruppo. Le norme e le regole erano spesso non scritte, e la giustizia era amministrata attraverso consuetudini e tradizioni orali. Le sanzioni per comportamenti devianti variavano da punizioni fisiche a ostracizzazione, e il concetto di giustizia era più retributivo che riabilitativo.

L'Era Classica e la Filosofia della Giustizia

La criminologia cominciò a prendere forma come disciplina separata durante l'Illuminismo nel XVIII secolo. Pensatori come Cesare Beccaria e Jeremy Bentham furono pionieri nel cercare di comprendere il crimine attraverso una lente razionale e umanistica. Beccaria, nel suo libro "Dei delitti e delle pene" (1764), criticava la severità delle punizioni dell'epoca e sosteneva che le leggi dovessero essere chiare, conosciute e proporzionate ai crimini. Bentham, d'altra parte, introdusse il concetto di utilitarismo, suggerendo che le azioni umane sono guidate dalla ricerca del piacere e dall'evitamento del dolore.

La Scuola Positivista

Nel XIX secolo, la criminologia si evolse ulteriormente con la nascita della scuola positivista, rappresentata da Cesare Lombroso, Enrico Ferri e Raffaele Garofalo. Questi criminologi cercarono di applicare metodi scientifici allo studio del crimine. Lombroso, spesso considerato il padre della criminologia moderna, propose che alcuni individui fossero "nati criminali" e che il comportamento criminale fosse il risultato di caratteristiche biologiche ereditate. Questa visione deterministica della criminalità influenzò profondamente le politiche penali dell'epoca, portando a misure come l'incarcerazione preventiva e la sterilizzazione forzata.

Il Movimento di Chicago e l'Interazione Sociale

Agli inizi del XX secolo, la criminologia subì un'altra trasformazione significativa con il contributo della Scuola di Chicago. Sociologi come Robert Park, Ernest Burgess e Edwin Sutherland studiarono il crimine come un fenomeno sociale, influenzato dalle condizioni ambientali e dalle interazioni sociali. La teoria della disorganizzazione sociale e il concetto di "differential association" di Sutherland evidenziarono l'importanza dell'ambiente e delle reti sociali nel modellare il comportamento criminale. Questo approccio spostò l'attenzione dalla predisposizione individuale al contesto sociale come fattore determinante del crimine.

Criminologia Moderna

Nel corso del XX e XXI secolo, la criminologia si è ulteriormente sviluppata, incorporando contributi da diverse discipline come la psicologia, l'economia, la biologia e l'informatica. Le teorie contemporanee del crimine tengono conto di una complessa interazione di fattori individuali, sociali e situazionali. Oggi, la criminologia utilizza tecniche avanzate di analisi dei dati, studi longitudinali e approcci interdisciplinari per comprendere e prevenire il crimine.

In conclusione, la criminologia ha fatto molta strada dalle sue origini nelle prime società umane. Da una giustizia informale basata su tradizioni orali, è diventata una disciplina scientifica sofisticata che cerca di comprendere le cause del crimine e sviluppare strategie efficaci per affrontarlo. Le origini della criminologia ci mostrano come le nostre concezioni di giustizia e devianza si siano evolute nel tempo, riflettendo cambiamenti più ampi nelle nostre società e culture.

Prime Teorie e Approcci

Le prime teorie e approcci della criminologia risalgono all'Illuminismo, un periodo che ha enfatizzato la razionalità e l'umanitarismo nella giustizia penale.

Teoria Classica: Proposta da Cesare Beccaria, la teoria classica suggeriva che le persone sono esseri razionali che calcolano i benefici e i costi delle loro azioni. Beccaria sosteneva che le punizioni dovessero essere proporzionate al crimine commesso, certe e applicate rapidamente, per dissuadere i potenziali criminali. La sua opera "Dei delitti e delle pene" è fondamentale per comprendere questo approccio.

Teoria dell'Utilitarismo: Jeremy Bentham, un contemporaneo di Beccaria, sviluppò ulteriormente l'idea della deterrenza, introducendo il principio dell'utilitarismo. Bentham credeva che la legge dovesse cercare di massimizzare la felicità generale, e le punizioni dovessero essere sufficientemente severe da prevenire il crimine, ma non eccessive.

Teoria Positivista: Nel XIX secolo, Cesare Lombroso, Enrico Ferri e Raffaele Garofalo svilupparono la teoria positivista, che si concentrava su fattori biologici e sociali come cause del crimine. Lombroso, in particolare, suggeriva che i criminali nascessero con anomalie biologiche che li rendevano predisposti al crimine, una teoria conosciuta come "atavismo".

Scuola di Chicago: Agli inizi del XX secolo, la Scuola di Chicago introdusse un approccio sociologico, studiando l'influenza dell'ambiente urbano sul comportamento criminale. Robert Park e Ernest Burgess, ad esempio, analizzarono come le dinamiche sociali e la disorganizzazione sociale potessero portare al crimine.

Questi primi approcci hanno gettato le basi per la criminologia moderna, offrendo diverse prospettive sul perché le persone commettono crimini e su come la società dovrebbe rispondere.

2.Evoluzione Storica

Sviluppo della criminologia attraverso i secoli

L'evoluzione storica della criminologia rappresenta un viaggio attraverso i secoli, caratterizzato da continui cambiamenti e sviluppi nelle teorie e pratiche relative alla comprensione e gestione del crimine.

Antichità e Medioevo

Nell'antichità, il crimine era spesso visto attraverso una lente religiosa o superstiziosa. Le punizioni erano severe e pubbliche, come lapidazioni, crocifissioni e altre forme di esecuzioni pubbliche, progettate per scoraggiare comportamenti devianti. Le leggi erano basate su codici rigidi come il Codice di Hammurabi, che stabiliva pene severe e proporzionate ai reati.

Durante il Medioevo, la giustizia continuava a essere influenzata da considerazioni religiose, con l'Inquisizione che puniva severamente eresie e crimini contro la Chiesa. Le pratiche punitive includevano torture e esecuzioni pubbliche, riflettendo una visione del crimine come peccato e offesa morale.

Rinascimento e Illuminismo

Il Rinascimento portò un cambiamento significativo nel pensiero europeo, con un crescente interesse per la razionalità e l'umanesimo. Durante l'Illuminismo, pensatori come Cesare Beccaria iniziarono a sfidare le pratiche punitive brutali del passato. Beccaria, nel suo influente trattato "Dei delitti e delle pene" (1764), sostenne che le leggi dovessero essere chiare e le punizioni proporzionate e umane. Questo periodo segnò l'inizio delle teorie classiche della criminologia, basate sulla razionalità e il libero arbitrio.

XIX secolo: Il Positivismo

Nel XIX secolo, il positivismo emerse come un nuovo paradigma nella criminologia, con figure come Cesare Lombroso che cercarono di applicare metodi scientifici allo studio del crimine. Lombroso suggeriva che il comportamento criminale fosse determinato da fattori biologici e che i criminali potessero essere identificati attraverso caratteristiche fisiche specifiche. Questa visione deterministica fu criticata per il suo approccio riduzionista, ma influenzò profondamente la criminologia dell'epoca.

XX secolo: La Sociologia del Crimine

Agli inizi del XX secolo, la criminologia si spostò verso un'analisi più sociologica del crimine, grazie all'influenza della Scuola di Chicago. Sociologi come Robert Park, Ernest Burgess e Edwin Sutherland studiarono come l'ambiente urbano e le interazioni sociali influenzassero il comportamento criminale. La teoria dell'associazione differenziale di Sutherland, che sosteneva che il crimine fosse appreso attraverso l'interazione con altri, fu particolarmente influente.

Seconda metà del XX secolo: Teorie Multidisciplinari

La seconda metà del XX secolo vide un'espansione delle teorie criminologiche, con l'integrazione di prospettive psicologiche, economiche e politiche. La teoria delle attività di routine, sviluppata da Lawrence Cohen e Marcus Felson, analizzava come le opportunità di crimine emergessero dalle routine quotidiane delle persone. Allo stesso tempo, la teoria del controllo sociale di Travis Hirschi esplorava come i legami sociali influenzassero la conformità alle norme.

XXI secolo: Criminologia Contemporanea

Nel XXI secolo, la criminologia è diventata sempre più interdisciplinare e globale. L'uso della tecnologia e dei big data ha permesso analisi più sofisticate dei modelli criminali, mentre nuove sfide come il cybercrime e il terrorismo internazionale richiedono approcci innovativi. La criminologia contemporanea continua a evolversi, incorporando nuovi metodi di ricerca e affrontando questioni di giustizia sociale, diritti umani e riforma del sistema penale.

L'evoluzione storica della criminologia riflette un costante dialogo tra teoria e pratica, con l'obiettivo di comprendere meglio il crimine e sviluppare strategie efficaci per prevenirlo e gestirlo.

3.Importanza degli Studi Multidisciplinari

Integrazione con sociologia, psicologia e altre discipline

La criminologia è una disciplina complessa che richiede una comprensione approfondita di vari fattori che contribuiscono al comportamento criminale. Per affrontare efficacemente il crimine, è essenziale integrare conoscenze provenienti da diverse discipline come la sociologia, la psicologia, l'economia, la biologia e le scienze politiche. Questa integrazione multidisciplinare permette di ottenere una visione più completa e sfaccettata del crimine, delle sue cause e delle possibili soluzioni.

Sociologia

La sociologia offre un quadro essenziale per comprendere come le strutture sociali, le istituzioni e le dinamiche di gruppo influenzano il comportamento criminale. Teorie sociologiche come la disorganizzazione sociale, la teoria della tensione e la teoria dell'etichettamento esplorano come le condizioni ambientali e le interazioni sociali possano portare al crimine. Ad esempio, la teoria della disorganizzazione sociale suggerisce che i quartieri con alti livelli di disordine e instabilità sono più propensi a generare criminalità a causa della mancanza di controllo sociale. Inoltre, la sociologia esamina l'impatto della stratificazione sociale, della povertà e della disuguaglianza economica sul crimine, evidenziando come le opportunità limitate e le condizioni di svantaggio possano spingere gli individui verso comportamenti devianti.

Psicologia

La psicologia contribuisce alla criminologia offrendo approfondimenti sui processi mentali e comportamentali che influenzano il crimine. Le teorie psicologiche del crimine esaminano come i fattori individuali, come i tratti della personalità, le esperienze traumatiche e i disturbi mentali, possano predisporre una persona al comportamento criminale. Ad esempio, la teoria della personalità antisociale esplora come alcuni tratti di personalità, come l'impulsività e la mancanza di empatia, siano associati al crimine. La psicologia forense, una sottodisciplina della psicologia, si concentra sull'applicazione delle conoscenze psicologiche al sistema giudiziario, contribuendo alla valutazione dei criminali, alla profilazione criminale e alla testimonianza degli esperti in tribunale.

Economia

L'economia fornisce strumenti utili per analizzare il crimine attraverso il prisma delle risorse, degli incentivi e delle opportunità. Le teorie economiche del crimine, come la teoria della scelta razionale, suggeriscono che gli individui commettono crimini dopo aver valutato i benefici e i costi potenziali delle loro azioni. Questo approccio aiuta a comprendere come le condizioni economiche, come la disoccupazione e le disuguaglianze di reddito, possano influenzare i tassi di criminalità. Inoltre, l'economia studia l'efficacia delle politiche di prevenzione e delle strategie di deterrenza, valutando l'impatto dei programmi di welfare, dell'istruzione e delle sanzioni penali sui comportamenti criminali.

Biologia

La biologia ha un ruolo crescente nella criminologia contemporanea, soprattutto grazie ai progressi nella genetica e nelle neuroscienze. Studi genetici e neurobiologici esaminano come i fattori ereditari e le anomalie cerebrali possano contribuire al comportamento criminale. Ad esempio, la ricerca sulla predisposizione genetica al crimine e sugli squilibri chimici nel cervello ha aperto nuove prospettive per comprendere le basi biologiche della devianza. Tuttavia, è importante integrare queste scoperte con le influenze ambientali e sociali per evitare determinismi semplicistici.

Scienze Politiche

Le scienze politiche forniscono una prospettiva critica sulla criminologia, esaminando come le politiche pubbliche, le leggi e il sistema di giustizia penale influenzano il crimine. L'analisi politica considera il ruolo del potere, delle ideologie e delle strutture istituzionali nella definizione del crimine e nella risposta della società ad esso. Questo campo di studio esplora anche le riforme del sistema penale, le politiche di controllo della criminalità e le implicazioni dei diritti umani nella gestione dei criminali.

Conclusione

L'integrazione di diverse discipline nella criminologia non solo arricchisce la comprensione del crimine, ma migliora anche l'efficacia delle strategie di prevenzione e intervento. Un approccio multidisciplinare permette di affrontare il crimine in modo olistico, considerando le complesse interazioni tra fattori individuali, sociali, economici, biologici e politici. Solo attraverso questa sinergia di conoscenze possiamo sviluppare soluzioni più efficaci e sostenibili per combattere il crimine e promuovere la giustizia sociale.

4. Teoria delle Attività di Routine

Concetti Chiave

La Teoria delle Attività di Routine, proposta da Lawrence Cohen e Marcus Felson nel 1979, è una delle teorie criminologiche più influenti per comprendere come e perché si verificano i crimini. Questa teoria si basa sull'idea che il crimine è strettamente legato alle attività quotidiane delle persone e che certi fattori ambientali e di routine possono aumentare o diminuire le opportunità di commettere reati.

I concetti chiave della Teoria delle Attività di Routine includono:

- Tre Elementi Necessari per il Crimine: Perché un crimine si verifichi, devono essere presenti tre elementi fondamentali nello stesso momento e luogo:

- o Un Aggressore Motivato: Qualcuno che ha l'intenzione e il desiderio di commettere un crimine.

  - o Un Obiettivo Adeguato: Qualcosa o qualcuno che sia interessante e accessibile per l'aggressore (es. oggetti di valore, persone vulnerabili).

  - o L'Assenza di un Guardiano Capace: Nessuno presente che possa dissuadere l'aggressore o impedire il crimine (es. polizia, vigilanti, testimoni).

- Routine Quotidiane: Le attività quotidiane delle persone, come andare al lavoro, fare la spesa o uscire con gli amici, influenzano il tempo e il luogo in cui si verificano i crimini. Modifiche nelle routine possono aumentare o ridurre le opportunità criminali.

- Opportunità di Crimine: La teoria sottolinea che i crimini si verificano non solo a causa delle intenzioni degli individui, ma anche perché si presentano opportunità favorevoli. Le variazioni nelle routine e nei modelli di vita quotidiana possono creare o eliminare queste opportunità.

Applicazioni

La Teoria delle Attività di Routine ha numerose applicazioni pratiche nelle strategie di prevenzione del crimine e nella formulazione delle politiche di sicurezza pubblica. Alcuni esempi includono:

- Progettazione Ambientale: L'applicazione della teoria nella progettazione urbana e architettonica mira a ridurre le opportunità di crimine. Questo approccio, noto come "Crime Prevention Through Environmental Design" (CPTED), prevede misure come migliorare l'illuminazione pubblica, ridurre gli spazi isolati, installare telecamere di sorveglianza e creare spazi pubblici ben sorvegliati.

- Sorveglianza e Pattugliamenti: La presenza visibile di forze dell'ordine e guardiani capaci può dissuadere i criminali potenziali. L'aumento dei pattugliamenti di polizia in aree ad alto rischio e l'implementazione di programmi di sorveglianza di quartiere sono esempi concreti di questa applicazione.

- Tecnologia e Sicurezza: L'uso della tecnologia per aumentare la sicurezza, come i sistemi di allarme, le telecamere di sicurezza e le serrature intelligenti, può ridurre le opportunità di crimine proteggendo gli obiettivi adeguati e rendendo più difficile per i criminali agire senza essere scoperti.

- Interventi Comunitari: La teoria delle attività di routine può essere utilizzata per progettare interventi comunitari che mirano a coinvolgere i cittadini nella prevenzione del crimine. Programmi di sorveglianza di quartiere, gruppi di vicinato e iniziative comunitarie per migliorare la sicurezza possono ridurre la criminalità attraverso una maggiore coesione sociale e sorveglianza informale.

- Analisi del Crimine: Le forze dell'ordine utilizzano la teoria delle attività di routine per analizzare i modelli di crimine e identificare aree ad alto rischio. L'analisi del crimine basata sui dati può aiutare a prevedere dove e quando potrebbero verificarsi i crimini, permettendo una risposta proattiva da parte delle autorità.

Conclusione

La Teoria delle Attività di Routine offre una prospettiva potente e pratica per comprendere il crimine come un fenomeno opportunistico legato alle routine quotidiane delle persone. La sua enfasi sugli elementi ambientali e situazionali del crimine ha permesso lo sviluppo di strategie efficaci per la prevenzione e la riduzione della criminalità, rendendola una teoria fondamentale nella criminologia contemporanea.

Definizioni e Concetti Chiave

Termini e concetti fondamentali della criminologia

La criminologia è una disciplina che studia il crimine, i criminali e il sistema di giustizia penale. Comprendere i termini e i concetti fondamentali della criminologia è essenziale per chiunque desideri approfondire lo studio del crimine e delle sue dinamiche. Di seguito sono presentati alcuni dei termini e concetti chiave che costituiscono la base della criminologia.

Crimine

Il crimine è un atto che viola una legge penale e che è punibile dallo stato. La definizione di crimine può variare a seconda del contesto giuridico e culturale, ma in generale, comprende comportamenti che sono proibiti dalla legge e che sono considerati dannosi per la società. Il crimine può essere suddiviso in diverse categorie, tra cui crimini contro la persona (come l'omicidio e l'assalto), crimini contro la proprietà (come il furto e l'incendio doloso) e crimini senza vittima (come l'uso di droghe).

Devianza

La devianza è un concetto sociologico che si riferisce a comportamenti che violano le norme sociali o le aspettative culturali. Non tutti i comportamenti devianti sono considerati crimini; per esempio, vestirsi in modo non convenzionale può essere considerato deviante ma non è necessariamente illegale. La devianza è importante nello studio della criminologia perché aiuta a comprendere come e perché certi comportamenti vengono etichettati come criminali.

Norme Sociali

Le norme sociali sono le regole e le aspettative che guidano il comportamento degli individui all'interno di una società. Le norme possono essere formali, come le leggi scritte, o informali, come le consuetudini e le tradizioni. La violazione delle norme sociali può portare a sanzioni sociali, che vanno dalla disapprovazione sociale alle punizioni legali.

Giustizia Penale

Il sistema di giustizia penale è l'insieme delle istituzioni e dei processi attraverso i quali i crimini sono rilevati, perseguiti, giudicati e puniti. Esso comprende le forze dell'ordine, i tribunali e il sistema carcerario. La giustizia penale mira a mantenere l'ordine sociale, a punire i colpevoli e a riabilitare i criminali.

Teoria del Crimine

Le teorie del crimine sono modelli concettuali che cercano di spiegare le cause e le dinamiche del comportamento criminale. Esistono diverse teorie del crimine, tra cui:

- **Teorie Biologiche**: Suggeriscono che il crimine è influenzato da fattori genetici e biologici.

- **Teorie Psicologiche**: Analizzano i fattori psicologici e mentali che contribuiscono al comportamento criminale.

- **Teorie Sociologiche**: Esplorano come le strutture sociali, le relazioni e le condizioni ambientali influenzano il crimine.

Deterrenza

La deterrenza è una teoria della giustizia penale che sostiene che la minaccia della punizione può prevenire il crimine. Esistono due tipi di deterrenza:

- **Deterrenza Generale**: Mira a dissuadere il pubblico in generale dal commettere crimini attraverso la paura della punizione.

- **Deterrenza Specifica**: Mira a dissuadere individui specifici dal commettere ulteriori crimini attraverso la punizione diretta.

Recidiva

La recidiva è il ritorno al crimine da parte di un individuo che è già stato punito per un crimine precedente. La recidiva è un importante indicatore dell'efficacia dei programmi di riabilitazione e delle politiche penali. Ridurre i tassi di recidiva è uno degli obiettivi principali del sistema di giustizia penale.

Profilazione Criminale

La profilazione criminale è una tecnica utilizzata dalle forze dell'ordine per identificare potenziali criminali basandosi su modelli di comportamento e caratteristiche psicologiche. Questo metodo cerca di prevedere e prevenire crimini futuri identificando individui che mostrano tratti simili a quelli di noti criminali.

Criminologia Forense

La criminologia forense è l'applicazione delle scienze forensi alla risoluzione dei crimini. Include l'analisi delle prove fisiche, come impronte digitali, DNA e balistica, per identificare i colpevoli e risolvere i casi. La criminologia forense è essenziale per garantire che la giustizia sia fatta in modo accurato e giusto.

Prevenzione del Crimine

La prevenzione del crimine si riferisce alle strategie e alle misure adottate per ridurre l'incidenza del crimine. Queste possono includere programmi di educazione, iniziative comunitarie, miglioramenti nella progettazione urbana e politiche di polizia mirate. L'obiettivo della prevenzione del crimine è creare un ambiente in cui i crimini sono meno probabili.

Riabilitazione

La riabilitazione è il processo di reinserimento dei criminali nella società attraverso programmi educativi, terapeutici e di supporto. L'obiettivo della riabilitazione è ridurre la recidiva e aiutare gli individui a diventare membri produttivi della società. I programmi di riabilitazione possono includere terapia comportamentale, formazione professionale e supporto alla reintegrazione sociale.

In sintesi, i termini e i concetti fondamentali della criminologia forniscono una base essenziale per comprendere le dinamiche del crimine e le risposte della società. La criminologia, come disciplina, si avvale di una vasta gamma di teorie e approcci per studiare il crimine e sviluppare strategie efficaci per la prevenzione e l'intervento.

Capitolo 2
Teorie del Crimine

1. Teoria del Positivismo

Fondamenti e principali sostenitori

La teoria del positivismo rappresenta un approccio scientifico e empirico allo studio del crimine, sviluppato nel XIX secolo in contrapposizione alle teorie classiche che dominavano il pensiero criminologico dell'Illuminismo. Il positivismo si basa sull'idea che il comportamento criminale non sia una scelta volontaria o un semplice atto di libero arbitrio, ma piuttosto il risultato di fattori deterministici e misurabili, come quelli biologici, psicologici e sociali.

Cesare Lombroso: Il Padre del Positivismo Criminologico

Cesare Lombroso, un medico italiano, è spesso considerato il fondatore del positivismo criminologico. Lombroso introdusse la nozione che i criminali fossero "nati" con tendenze innate al crimine, distinguibili attraverso caratteristiche fisiche specifiche. Nel suo libro "L'uomo delinquente" (1876), Lombroso sosteneva che alcuni individui erano predisposti geneticamente al crimine e presentavano tratti atavici, cioè caratteristiche fisiologiche riconducibili a stadi evolutivi primitivi. Tra questi tratti includeva anomalie craniche, asimmetrie facciali, e altre caratteristiche somatiche.

Lombroso classificò i criminali in diverse categorie, tra cui:

- **Criminali nati**: Individui con anomalie biologiche che li rendono predisposti al crimine.

- **Criminali folli**: Individui che commettono crimini a causa di disturbi mentali.

- **Criminali abituali**: Individui che diventano criminali per abitudine o necessità.

- **Criminali d'occasione**: Individui che commettono crimini a causa di circostanze particolari.

Enrico Ferri e Raffaele Garofalo: Espansione del Positivismo

Enrico Ferri, un allievo di Lombroso, ampliò la teoria del positivismo introducendo fattori sociali ed economici nella spiegazione del comportamento criminale. Ferri sosteneva che il crimine fosse il risultato di una combinazione di fattori biologici, psicologici e sociali, ponendo maggiore enfasi sulle condizioni ambientali e sulle influenze sociali rispetto a Lombroso. Ferri introdusse il concetto di "delinquenza ambientale", suggerendo che la criminalità fosse influenzata dalle condizioni sociali ed economiche in cui vivevano gli individui.

Raffaele Garofalo, un altro criminologo italiano, contribuì al positivismo criminologico introducendo il concetto di "delitto naturale", definendo i crimini come violazioni delle leggi naturali e universali della società. Garofalo enfatizzò l'importanza delle caratteristiche morali e psicologiche degli individui, sostenendo che il crimine fosse il risultato di difetti morali innati.

Caratteristiche del Positivismo Criminologico

Il positivismo criminologico si distingue per diverse caratteristiche fondamentali:

- **Determinismo**: Il comportamento criminale è determinato da fattori al di fuori del controllo dell'individuo.

- **Metodologia scientifica**: L'uso di metodi empirici e scientifici per studiare il crimine, come l'osservazione, la misurazione e la sperimentazione.

- **Tipologie criminali**: La classificazione dei criminali in categorie basate su caratteristiche biologiche, psicologiche e sociali.

- **Focus sulla prevenzione**: L'enfasi sulla prevenzione del crimine attraverso interventi mirati sui fattori che lo determinano.

Critiche e Evoluzioni del Positivismo

Nonostante la sua influenza duratura, il positivismo criminologico ha ricevuto numerose critiche. Le teorie di Lombroso, in particolare, sono state criticate per il loro determinismo biologico e per la mancanza di rigore scientifico. La sua idea di atavismo è stata ampiamente discreditata dalla comunità scientifica. Tuttavia, il positivismo ha gettato le basi per ulteriori studi sul crimine e ha influenzato lo sviluppo di approcci più integrati che considerano una combinazione di fattori biologici, psicologici e sociali.

Nel corso del XX secolo, il positivismo è stato integrato con altre teorie criminologiche, portando alla nascita di approcci più completi e multifattoriali. Ad esempio, le moderne neuroscienze e la genetica comportamentale esplorano ancora come i fattori biologici possano influenzare il comportamento criminale, ma in un contesto che considera anche le influenze ambientali e sociali.

In sintesi, la teoria del positivismo criminologico ha rappresentato un cambiamento significativo nello studio del crimine, spostando l'attenzione dalla pura punizione e deterrenza alla comprensione delle cause profonde del comportamento criminale. Le idee introdotte dai principali sostenitori del positivismo hanno stimolato un dibattito critico e hanno contribuito alla crescita della criminologia come disciplina scientifica.

3. Teoria della Tensione

Analisi e casi studio

La Teoria della Tensione, sviluppata da Robert K. Merton negli anni '30, è una delle teorie criminologiche più influenti per spiegare il comportamento deviante. La teoria si basa sull'idea che la società impone obiettivi culturali ai suoi membri, ma non tutti hanno le stesse opportunità per raggiungere questi obiettivi in modo legittimo.

Questa discrepanza tra obiettivi e mezzi crea una tensione che può portare a comportamenti devianti.

Analisi della Teoria della Tensione

Merton identificò cinque modalità di adattamento alla tensione prodotta dalla discrepanza tra obiettivi culturali e mezzi legittimi:

- **Conformità**: Le persone accettano gli obiettivi culturali e i mezzi legittimi per raggiungerli. Questo è il comportamento tipico della maggior parte degli individui in una società.

- **Innovazione**: Le persone accettano gli obiettivi culturali ma utilizzano mezzi illegittimi per raggiungerli. Questo adattamento è spesso associato a comportamenti criminali come il furto, la frode e altre attività illegali.

- **Ritualismo**: Le persone rinunciano agli obiettivi culturali ma continuano a conformarsi ai mezzi legittimi. Questi individui seguono le regole senza aspettarsi di raggiungere il successo sociale.

- **Ritirata**: Le persone rinunciano sia agli obiettivi culturali che ai mezzi legittimi, ritirandosi dalla partecipazione attiva nella società. Questo può includere comportamenti come l'abuso di sostanze e la vita di strada.

- **Ribellione**: Le persone rifiutano sia gli obiettivi culturali che i mezzi legittimi, proponendo nuovi obiettivi e mezzi alternativi. Questo adattamento è spesso associato a movimenti rivoluzionari e atti di protesta.

Merton sosteneva che le disparità socioeconomiche e le limitate opportunità di successo legittimo creano una pressione per l'innovazione, spingendo alcuni individui a cercare modi alternativi, spesso illegali, per raggiungere il successo.

Casi Studio

Per illustrare la Teoria della Tensione, esaminiamo alcuni casi studio che dimostrano come le discrepanze tra obiettivi culturali e mezzi legittimi possano portare a comportamenti devianti.

Caso Studio 1: Il Crimine di Colletto Bianco

I crimini di colletto bianco, come la frode finanziaria e l'evasione fiscale, sono esempi classici di innovazione secondo la Teoria della Tensione. Gli individui coinvolti in questi crimini spesso accettano gli obiettivi culturali di successo finanziario e prestigio, ma utilizzano mezzi illegittimi per raggiungerli. Un caso famoso è quello di Bernard Madoff, che ha orchestrato uno dei più grandi schemi Ponzi nella storia. Madoff ha utilizzato la sua posizione di fiducia e il suo status sociale per attirare investitori, promettendo rendimenti straordinari che in realtà erano finanziati con il denaro di nuovi investitori, piuttosto che con profitti reali.

Caso Studio 2: La Criminalità Giovanile

La criminalità giovanile nelle aree urbane svantaggiate può essere analizzata attraverso la lente della Teoria della Tensione. I giovani in queste comunità spesso affrontano una mancanza di opportunità educative e lavorative, creando una tensione significativa tra gli obiettivi culturali di successo e i mezzi legittimi disponibili. In risposta, alcuni giovani possono rivolgersi a attività criminali come il traffico di droga, il furto e le gang per raggiungere status, ricchezza e riconoscimento sociale. La storia di molti giovani membri di gang nelle città americane illustra come l'innovazione criminale possa emergere in contesti di forte tensione sociale ed economica.

Caso Studio 3: L'Abuso di Sostanze

L'abuso di sostanze può essere visto come un esempio di ritirata nella Teoria della Tensione. Gli individui che non riescono a raggiungere gli obiettivi culturali di successo e benessere attraverso mezzi legittimi o illegittimi possono ritirarsi dalla società, cercando sollievo attraverso l'uso di droghe o alcol. Questo comportamento è spesso osservato in contesti di povertà estrema e marginalizzazione sociale, dove le persone sentono di non avere alcuna possibilità di successo o inclusione sociale. La crisi degli oppioidi negli Stati Uniti è un esempio attuale di come la ritirata possa manifestarsi a livello di popolazione.

Caso Studio 4: Movimenti Sociali e Proteste

I movimenti sociali e le proteste possono essere interpretati come esempi di ribellione secondo la Teoria della Tensione. Quando gruppi di persone sentono che gli obiettivi culturali e i mezzi legittimi della società non sono giusti o equi, possono rifiutarli e cercare di instaurare nuovi valori e strutture sociali. Movimenti come il Black Lives Matter, che protesta contro l'ingiustizia razziale e la brutalità della polizia, rappresentano una ribellione contro le norme sociali percepite come oppressive. Questi movimenti cercano di creare nuove visioni di giustizia e uguaglianza.

Conclusione

La Teoria della Tensione di Robert K. Merton offre una potente spiegazione per il comportamento deviante, evidenziando come le discrepanze tra obiettivi culturali e mezzi legittimi possano generare tensioni che portano a vari adattamenti devianti. Attraverso l'analisi di diversi casi studio, possiamo vedere come questa teoria si applichi a una vasta gamma di comportamenti criminali e devianti, fornendo una base per la comprensione e la prevenzione del crimine nella società.

4. Teoria dell'Anomia

Origini e impatti sulla criminologia

La Teoria dell'Anomia, introdotta dal sociologo francese Émile Durkheim alla fine del XIX secolo e successivamente ampliata da Robert K. Merton, rappresenta un contributo fondamentale alla comprensione dei fenomeni devianti e criminali. Questa teoria esplora come le disfunzioni e le disorganizzazioni sociali possano portare a un aumento dei comportamenti devianti, inclusi i crimini.

Origini della Teoria dell'Anomia

- **Émile Durkheim**: La teoria dell'anomia è stata originariamente formulata da Émile Durkheim nel suo lavoro "Il suicidio" (1897). Durkheim ha utilizzato il concetto di anomia per descrivere uno stato di deregulation o assenza di norme nella società, che si verifica quando le regole sociali si indeboliscono o diventano confuse a causa di rapidi cambiamenti sociali o economici. Secondo Durkheim, l'anomia emerge quando c'è una discrepanza tra gli obiettivi sociali e le capacità degli individui di raggiungerli attraverso mezzi legittimi. Questo stato di normlessness può portare a un senso di disorientamento e frustrazione, che a sua volta può aumentare i tassi di suicidio e altri comportamenti devianti.

- **Robert K. Merton**: Negli anni '30, Merton ha ampliato la teoria di Durkheim per applicarla specificamente alla criminologia. Nel suo articolo del 1938 "Social Structure and Anomie", Merton ha descritto come l'anomia si verifica in società dove c'è una forte enfasi sugli obiettivi culturali (come il successo economico) ma un accesso limitato ai mezzi legittimi per raggiungere questi obiettivi. Merton ha identificato cinque modalità di adattamento degli individui a questa tensione, inclusa l'innovazione, che spesso comporta il ricorso a mezzi illegittimi, come il crimine, per raggiungere gli obiettivi desiderati.

Impatti sulla Criminologia

La Teoria dell'Anomia ha avuto un impatto significativo sulla criminologia, fornendo un quadro teorico per comprendere come le strutture sociali influenzino il comportamento deviante. Ecco alcuni dei principali contributi e applicazioni della teoria:

- **Comprensione della Criminalità Strutturale**: La teoria dell'anomia aiuta a spiegare perché i tassi di criminalità possono essere più alti in determinate società o gruppi sociali. Società con alti livelli di disuguaglianza economica e accesso limitato alle opportunità legittime tendono a sperimentare maggiori livelli di anomia, che a loro volta possono portare a tassi più elevati di crimine. Ad esempio, le società in rapido cambiamento economico o sociale, dove le norme tradizionali si indeboliscono, possono vedere un aumento del comportamento deviante.

- **Politiche di Prevenzione del Crimine**: La teoria dell'anomia suggerisce che per ridurre il crimine, le politiche dovrebbero concentrarsi sia sul ridurre la disuguaglianza sia sull'aumentare l'accesso a opportunità legittime. Questo può includere misure come migliorare l'istruzione, creare posti di lavoro, e rafforzare le reti di supporto sociale. Interventi che migliorano la coesione sociale e la regolamentazione delle norme possono ridurre l'anomia e, di conseguenza, il comportamento deviante.

- **Analisi del Comportamento Deviante**: La teoria di Merton fornisce un quadro per analizzare diverse forme di comportamento deviante. Ad esempio, la "conformità" implica l'adesione sia agli obiettivi culturali che ai mezzi legittimi, mentre l'"innovazione" comporta l'accettazione degli obiettivi ma l'uso di mezzi illegittimi. La "ribellione" implica il rifiuto sia degli obiettivi che dei mezzi legittimi, con la sostituzione di nuovi obiettivi e mezzi. Questa analisi tipologica aiuta a comprendere le diverse motivazioni e modalità attraverso cui gli individui possono deviare dalle norme sociali.

- **Critiche e Sviluppi**: Sebbene la teoria dell'anomia di Merton sia stata molto influente, ha anche ricevuto critiche. Alcuni studiosi hanno sostenuto che non spiega adeguatamente perché alcune persone che sperimentano l'anomia non diventano deviate, mentre altri sì. Altri hanno criticato l'enfasi di Merton sugli obiettivi economici, suggerendo che altri valori culturali potrebbero anche influenzare il comportamento deviante. Tuttavia, queste critiche hanno portato a ulteriori sviluppi nella teoria, inclusa l'integrazione di fattori culturali e psicologici.

Casi Studio

Per illustrare la Teoria dell'Anomia, esaminiamo alcuni casi studio che dimostrano come la disorganizzazione sociale e le discrepanze tra obiettivi e mezzi possano portare a comportamenti devianti.

- **Criminalità nei Quartieri Urbani**: Le aree urbane con alti livelli di povertà, disoccupazione e mancanza di servizi possono sperimentare alti livelli di anomia. Gli individui in queste aree possono sentirsi disconnessi dalle norme sociali tradizionali e più propensi a utilizzare mezzi illegittimi per raggiungere il successo economico. La criminalità giovanile nelle città americane, ad esempio, può essere vista attraverso questa lente, dove le gang e il traffico di droga diventano mezzi alternativi per raggiungere status e ricchezza.

- **Crisis Economiche e Crimine**: Durante periodi di crisi economica, come la Grande Depressione degli anni '30 o la crisi finanziaria del 2008, molte persone possono sperimentare un aumento della tensione anomica. La perdita di posti di lavoro e il crollo delle opportunità economiche possono portare a un aumento dei comportamenti devianti, come il furto e la frode, mentre le persone cercano modi per sopravvivere e mantenere un senso di stabilità.

Conclusione

La Teoria dell'Anomia ha fornito un quadro cruciale per comprendere come le disfunzioni sociali e le discrepanze tra obiettivi culturali e mezzi legittimi possono portare a comportamenti devianti e criminali. Le intuizioni di Durkheim e Merton continuano a influenzare la criminologia contemporanea, offrendo strategie per affrontare le radici strutturali del crimine e promuovere una maggiore coesione sociale.

5. Confronto e Critica delle Teorie

Analisi critica delle principali teorie criminologiche

La criminologia comprende una vasta gamma di teorie che cercano di spiegare il crimine e il comportamento deviante da diverse prospettive. Ogni teoria offre una visione unica e contribuisce alla comprensione complessiva del crimine. Tuttavia, ciascuna teoria ha anche le sue limitazioni e critiche. In questo punto, esamineremo criticamente alcune delle principali teorie criminologiche, tra cui la teoria classica, la teoria positivista, la teoria delle attività di routine, la teoria della tensione e la teoria dell'anomia.

Teoria Classica

La teoria classica, rappresentata da pensatori come Cesare Beccaria e Jeremy Bentham, sostiene che il crimine è una scelta razionale compiuta da individui che pesano i benefici e i costi delle loro azioni.

Le punizioni devono essere certe, proporzionate e rapide per dissuadere il comportamento criminale.

- **Vantaggi**:

    o Enfasi sulla razionalità e la responsabilità individuale.

    o Ha influenzato significativamente le riforme penali, promuovendo leggi più giuste e proporzionate.

- **Critiche**:

    o Riduzionismo: Non tiene conto dei fattori sociali, economici e psicologici che influenzano il comportamento criminale.

    o Eccessiva fiducia nella deterrenza: Studi hanno mostrato che la deterrenza non sempre funziona come previsto, specialmente in contesti di povertà e disuguaglianza.

Teoria Positivista

La teoria positivista, sviluppata da Cesare Lombroso e altri, propone che il comportamento criminale sia determinato da fattori biologici, psicologici e sociali. Lombroso suggeriva che i criminali potessero essere identificati da caratteristiche fisiche specifiche.

- **Vantaggi**:

  - o Introduzione di metodi scientifici nello studio del crimine.

  - o Ha portato a una maggiore comprensione delle influenze biologiche e psicologiche sul comportamento deviante.

- **Critiche**:

  - o Determinismo biologico: Le prime teorie positiviste di Lombroso sono state discreditate per il loro approccio deterministico e per la mancanza di rigore scientifico.

  - o Ignoranza dei fattori sociali: Anche se la teoria positivista si è evoluta per includere fattori sociali, inizialmente trascurava l'importanza dell'ambiente e delle condizioni socioeconomiche.

Teoria delle Attività di Routine

La Teoria delle Attività di Routine, proposta da Lawrence Cohen e Marcus Felson, sostiene che il crimine avviene quando un aggressore motivato, un obiettivo adeguato e l'assenza di un guardiano capace si trovano nello stesso luogo e momento.

- **Vantaggi**:

  - o Approccio pratico: Fornisce indicazioni concrete per la prevenzione del crimine, come migliorare la sorveglianza e ridurre le opportunità di crimine.

  - o Focalizzazione sulle situazioni: Evidenzia l'importanza delle circostanze immediate nel determinare la probabilità di un crimine.

- **Critiche**:

  - o Mancanza di attenzione ai motivi: Non spiega perché gli individui siano motivati a commettere crimini, concentrandosi solo sulle opportunità.

  - o Limitata visione dei fattori sociali: Non affronta adeguatamente le cause profonde del comportamento criminale, come la povertà e la disuguaglianza.

Teoria della Tensione

La teoria della tensione di Robert K. Merton afferma che il crimine è il risultato della tensione tra gli obiettivi culturali della società e i mezzi legittimi disponibili per raggiungerli. Quando le persone non possono raggiungere i loro obiettivi attraverso mezzi legittimi, possono ricorrere a mezzi illegittimi.

- **Vantaggi:**

    o Evidenzia il ruolo delle strutture sociali: Sottolinea come le disuguaglianze e le limitate opportunità possano portare al comportamento deviante.

    o Approccio integrativo: Combina elementi sociologici, economici e culturali per spiegare il crimine.

- **Critiche:**

    o Generalizzazione eccessiva: Non tutti coloro che sperimentano tensioni diventano devianti; la teoria non spiega le variazioni individuali.

    o Negligenza dei fattori individuali: Si concentra principalmente sui fattori strutturali, trascurando le influenze individuali e psicologiche.

Teoria dell'Anomia

La teoria dell'anomia, sviluppata da Émile Durkheim e ampliata da Robert K. Merton, descrive uno stato di normlessness che si verifica quando le norme sociali si indeboliscono o diventano confuse, portando a un aumento del comportamento deviante.

- **Vantaggi:**

    o Comprensione delle disfunzioni sociali: Aiuta a spiegare come i cambiamenti sociali rapidi e la disorganizzazione possano aumentare i tassi di crimine.

- o Applicazione a diverse società: Offre una spiegazione che può essere applicata a varie culture e contesti sociali.

- **Critiche**:

  - o Ambiguità concettuale: Il concetto di anomia può essere vago e difficile da misurare empiricamente.

  - o Eccessiva enfasi sulle norme: Non tiene conto delle variazioni individuali e delle risposte diverse agli stessi contesti sociali.

Conclusione

Il confronto e la critica delle principali teorie criminologiche mostrano che ciascuna offre preziose intuizioni ma anche presenta limitazioni. Mentre le teorie classiche e positiviste hanno fornito le basi storiche per la criminologia, le teorie più recenti come quelle delle attività di routine, della tensione e dell'anomia hanno ampliato la nostra comprensione del crimine attraverso l'integrazione di fattori sociali, economici e culturali. Un approccio completo alla criminologia richiede l'integrazione di diverse teorie per affrontare la complessità del comportamento criminale e sviluppare strategie efficaci per la prevenzione e l'intervento.

Capitolo 3
Intersezioni con Altre Discipline

1.Influenza delle Strutture Sociali sul Crimine

Ruolo delle istituzioni sociali

Le istituzioni sociali, come la famiglia, la scuola, la chiesa e il sistema giudiziario, svolgono un ruolo cruciale nell'influenzare il comportamento criminale e nel modellare le dinamiche della criminalità all'interno della società. Queste istituzioni forniscono il contesto in cui gli individui sviluppano valori, norme e comportamenti, e la loro efficacia o inefficacia può avere un impatto significativo sulla propensione al crimine.

1. **Famiglia**: La famiglia è spesso considerata la principale istituzione sociale nella formazione del comportamento degli individui. Le famiglie stabili e affettuose tendono a fornire un ambiente protettivo e di supporto, promuovendo lo sviluppo di valori positivi e comportamenti prosociali. Al contrario, le famiglie disfunzionali, caratterizzate da abusi, negligenza o conflitti, possono contribuire allo sviluppo di comportamenti antisociali e criminali. La mancanza di supervisione e di guida da parte dei genitori è stata correlata a tassi più elevati di delinquenza giovanile.

2. **Scuola**: Le istituzioni educative giocano un ruolo fondamentale nell'influenzare il comportamento degli individui durante l'infanzia e l'adolescenza. La scuola non solo fornisce istruzione, ma anche un ambiente in cui i giovani possono sviluppare competenze sociali, imparare il rispetto delle regole e costruire reti di supporto. Tuttavia, il fallimento scolastico, il bullismo e l'esclusione sociale all'interno delle scuole possono aumentare il rischio di comportamento deviante. Programmi educativi efficaci e un ambiente scolastico positivo possono ridurre la probabilità di criminalità tra i giovani.

3. **Chiesa e istituzioni religiose**: Le istituzioni religiose possono avere un'influenza significativa sui valori e sui comportamenti degli individui. La partecipazione a comunità religiose può fornire supporto morale, etico e sociale, incoraggiando comportamenti prosociali e riducendo il rischio di coinvolgimento in attività criminali. Tuttavia, l'effetto delle istituzioni religiose può variare a seconda delle dottrine specifiche e del contesto sociale.

4. **Sistema giudiziario**: Il sistema giudiziario ha un ruolo cruciale nel mantenimento dell'ordine sociale e nella prevenzione della criminalità. Attraverso l'applicazione delle leggi e la somministrazione di pene, il sistema giudiziario cerca di dissuadere gli individui dal commettere crimini. Tuttavia, la

percezione dell'equità e dell'efficacia del sistema giudiziario può influenzare il suo impatto sulla criminalità. Un sistema percepito come giusto e imparziale può aumentare la fiducia del pubblico e la conformità alle leggi, mentre un sistema percepito come corrotto o ingiusto può alimentare il risentimento e la ribellione.

5. **Mercato del lavoro**: Il mercato del lavoro è un'altra istituzione sociale che influenza il comportamento criminale. L'accesso a opportunità di lavoro stabili e remunerative può ridurre la propensione al crimine fornendo mezzi legittimi per soddisfare i bisogni economici. Al contrario, la disoccupazione e la precarietà del lavoro possono aumentare la tentazione di ricorrere a mezzi illeciti per guadagnare denaro.

6. **Media**: I media hanno un'influenza significativa sulla percezione della criminalità e sulle norme sociali. La rappresentazione della criminalità nei media può modellare le percezioni del pubblico riguardo alla prevalenza e alla natura del crimine, influenzando la paura della criminalità e le reazioni sociali. La copertura mediatica sensazionalistica può anche glorificare comportamenti criminali, mentre programmi educativi possono contribuire alla prevenzione della criminalità.

In sintesi, le istituzioni sociali hanno un ruolo determinante nel modellare i comportamenti degli individui e nel prevenire o favorire la criminalità. La loro capacità di fornire supporto, stabilità e opportunità è essenziale per la creazione di una società sicura e giusta. Politiche che rafforzano queste istituzioni e affrontano le loro inefficienze possono contribuire significativamente alla riduzione dei tassi di criminalità.

2. Disuguaglianza Sociale e Criminalità

- **Effetti della disuguaglianza economica e sociale**

La disuguaglianza economica e sociale rappresenta un fattore cruciale nell'analisi delle cause e degli effetti della criminalità. Le differenze economiche e sociali influenzano in modo significativo i comportamenti criminali e la distribuzione della criminalità all'interno delle società. Ecco alcuni dei principali effetti della disuguaglianza economica e sociale sulla criminalità:

1. **Marginalizzazione e esclusione sociale**: Le persone che vivono in povertà spesso si trovano ai margini della società, senza accesso a risorse essenziali come l'istruzione di qualità, l'assistenza sanitaria e opportunità lavorative. Questa marginalizzazione può portare all'esclusione sociale, che a sua volta alimenta sentimenti di frustrazione e disperazione. Gli individui esclusi possono percepire il crimine come una delle poche vie per migliorare la propria condizione economica e sociale.

2. **Disuguaglianza e tassi di criminalità**: Numerosi studi hanno dimostrato che esiste una correlazione significativa tra disuguaglianza economica e tassi di criminalità. Le aree con elevate disparità economiche tendono ad avere tassi di criminalità più elevati rispetto a quelle con una distribuzione più equa della ricchezza. Questa relazione può essere spiegata attraverso la teoria della tensione, secondo la quale le disuguaglianze creano pressioni e tensioni che spingono gli individui verso comportamenti devianti.

3. **Sfiducia nelle istituzioni**: La disuguaglianza economica può erodere la fiducia nelle istituzioni sociali e governative. Le persone che si sentono svantaggiate possono percepire le istituzioni come ingiuste o corrotte, diminuendo così la loro volontà di rispettare le leggi. Questa sfiducia può portare a un maggiore coinvolgimento in attività criminali, poiché le norme sociali e legali perdono la loro autorità e legittimità.

4. **Ambiente sociale degradato**: Le aree con alta disuguaglianza economica spesso presentano condizioni di vita degradate, come infrastrutture fatiscenti, scuole di bassa qualità e servizi pubblici insufficienti. Questi ambienti possono contribuire alla diffusione della criminalità, poiché mancano le risorse per prevenire e combattere il crimine. Inoltre, la presenza di aree abbandonate e mal tenute può facilitare le attività criminali.

5. **Impatto sulla salute mentale**: La povertà e la disuguaglianza economica sono strettamente legate a problemi di salute mentale, come stress, ansia e depressione. La sofferenza psicologica può aumentare la propensione degli individui a impegnarsi in comportamenti criminali, sia come mezzo di sfogo che come tentativo di far fronte alle difficoltà quotidiane. La mancanza di accesso a servizi di salute mentale adeguati aggrava ulteriormente questa situazione.

6. **Subculture devianti**: In contesti di alta disuguaglianza, possono svilupparsi subculture devianti che normalizzano e glorificano il crimine. Queste subculture offrono alternative ai valori e alle norme della società dominante, rendendo il comportamento criminale più accettabile e persino desiderabile. Gli individui che fanno parte di queste subculture possono trovare nel crimine un mezzo per guadagnare rispetto e status all'interno del loro gruppo.

3. Cultura e Subculture Criminali

- **Esame delle subculture deviate**

Le subculture deviate rappresentano gruppi sociali che sviluppano norme, valori e comportamenti in contrasto con quelli della società dominante. Queste subculture possono emergere in contesti di emarginazione sociale, povertà e disuguaglianza, e giocano un ruolo significativo nella perpetuazione della criminalità. L'esame delle subculture deviate è fondamentale per comprendere le dinamiche interne di gruppi criminali e per sviluppare strategie efficaci di prevenzione e intervento.

1. **Definizione e caratteristiche delle subculture deviate**: Le subculture deviate si distinguono per l'adozione di valori e norme che giustificano e glorificano il comportamento criminale. Questi gruppi spesso sviluppano linguaggi, simboli e rituali specifici che rafforzano l'identità collettiva e la coesione interna. Le subculture deviate possono variare notevolmente in base al contesto socioeconomico e culturale, ma condividono l'opposizione alle norme sociali mainstream.

2. **Origini delle subculture deviate**: Le subculture deviate emergono frequentemente in aree caratterizzate da povertà, disoccupazione e disuguaglianza. In tali contesti, l'accesso limitato a risorse e opportunità legittime spinge alcuni individui a cercare alternative attraverso reti criminali. L'assenza di supporto sociale e di modelli di ruolo positivi contribuisce ulteriormente alla formazione di queste subculture. Inoltre, la discriminazione e l'emarginazione possono rafforzare il senso di appartenenza a gruppi devianti come forma di resistenza e identità.

3. **Esempi di subculture deviate:**

- o **Bande giovanili**: Le bande giovanili sono tra le subculture deviate più studiate. Questi gruppi offrono ai giovani un senso di appartenenza, protezione e status. Le attività criminali delle bande possono includere spaccio di droga, furti e violenze. Le bande spesso utilizzano simboli distintivi, come abbigliamento e tatuaggi, per consolidare l'identità di gruppo.

- o **Gang di strada**: Simili alle bande giovanili, ma con una struttura più organizzata e una maggiore presenza nel crimine organizzato. Le gang di strada possono controllare territori specifici e impegnarsi in attività come estorsione, traffico di droga e armi, e prostituzione.

- o **Subculture digitali**: Con l'avvento della tecnologia, sono emerse subculture deviate anche nel mondo digitale. Questi gruppi utilizzano il web per coordinare attività criminali come hacking, frodi online e diffusione di materiale illegale. Le subculture digitali possono essere particolarmente difficili da monitorare e contrastare a causa della loro natura transnazionale e anonima.

4. **Meccanismi di reclutamento e socializzazione**: Le subculture deviate utilizzano vari meccanismi per reclutare nuovi membri e mantenerli all'interno del gruppo. Il reclutamento può avvenire attraverso la pressione dei pari, la promessa di guadagni facili o la necessità di protezione. Una volta all'interno del gruppo, i nuovi membri vengono socializzati ai valori e alle norme devianti attraverso l'osservazione, l'apprendimento e la partecipazione a rituali e attività criminali. Questo processo rafforza l'identità deviante e la lealtà al gruppo.

5. **Impatto delle subculture deviate sulla società**: Le subculture deviate rappresentano una sfida significativa per la coesione sociale e la sicurezza pubblica. Le attività criminali di questi gruppi possono creare un clima di paura e insicurezza nelle comunità, ostacolando lo sviluppo economico e sociale. Inoltre, la presenza di subculture deviate può influenzare negativamente le opportunità educative e lavorative dei giovani, perpetuando un ciclo di criminalità e marginalizzazione.

6. **Strategie di intervento e prevenzione**: Affrontare le subculture deviate richiede un approccio multidisciplinare che combini interventi sociali, educativi e repressivi. Le strategie di prevenzione possono includere programmi di mentoring e supporto per i giovani a rischio, iniziative di sviluppo

comunitario per migliorare le condizioni socioeconomiche, e campagne di sensibilizzazione per promuovere valori prosociali. Sul fronte repressivo, è essenziale migliorare la collaborazione tra forze dell'ordine, istituzioni educative e organizzazioni comunitarie per monitorare e contrastare efficacemente le attività dei gruppi devianti.

In conclusione, l'esame delle subculture deviate rivela la complessità e la profondità delle dinamiche criminali all'interno delle società. Comprendere le origini, le caratteristiche e l'impatto di questi gruppi è fondamentale per sviluppare politiche e interventi efficaci volti a ridurre la criminalità e promuovere la coesione sociale.

4. Fattori Psicologici nel Comportamento Criminale

- **Influenza dei disturbi mentali e della personalità**

I fattori psicologici svolgono un ruolo fondamentale nel comportamento criminale, influenzando le motivazioni, le scelte e le azioni degli individui. Tra questi fattori, i disturbi mentali e della personalità sono particolarmente significativi, poiché possono alterare la percezione della realtà, le capacità di giudizio e il controllo degli impulsi. Esaminiamo come questi disturbi influenzano il comportamento criminale e quali sono le implicazioni per il sistema di giustizia penale.

1. **Disturbi mentali e criminalità**: I disturbi mentali, come la schizofrenia, il disturbo bipolare e la depressione maggiore, possono aumentare il rischio di comportamenti criminali. Gli individui affetti da questi disturbi possono sperimentare episodi di psicosi, mania o depressione severa, che compromettono la loro capacità di prendere decisioni razionali. Ad esempio, durante un episodio psicotico, una persona può agire violentemente in risposta a deliri o allucinazioni.

2. **Disturbi della personalità e comportamento criminale**: I disturbi della personalità, come il disturbo antisociale di personalità (ASPD) e il disturbo borderline di personalità (BPD), sono fortemente associati a comportamenti criminali. Il ASPD è caratterizzato da un pattern pervasivo di disprezzo per i diritti degli altri, mancanza di rimorso e comportamenti impulsivi. Le persone con ASPD sono spesso coinvolte in attività criminali, come furti, truffe e violenze, poiché mancano di empatia e rispetto per le norme sociali. Il BPD, invece, è caratterizzato da instabilità emotiva, comportamenti impulsivi e relazioni interpersonali tumultuose, che possono portare a conflitti legali e violenza.

3. **Influenza dei disturbi mentali sul processo decisionale**: I disturbi mentali possono influenzare negativamente il processo decisionale, portando gli individui a commettere

reati che altrimenti non avrebbero commesso. La compromissione delle funzioni cognitive e la difficoltà nel controllare gli impulsi possono rendere difficile per queste persone valutare le conseguenze delle loro azioni. Inoltre, la mancanza di accesso a trattamenti adeguati può peggiorare i sintomi e aumentare la probabilità di comportamenti criminali.

4. **Comorbidità e rischio criminale**: La presenza di disturbi mentali e della personalità comorbidi aumenta ulteriormente il rischio di comportamento criminale. Ad esempio, una persona con disturbo da uso di sostanze e ASPD può essere particolarmente incline a commettere reati per sostenere la propria dipendenza. La combinazione di impulsività, mancanza di rimorso e ricerca di sensazioni può portare a comportamenti altamente rischiosi e illegali.

5. **Implicazioni per il sistema di giustizia penale**: La presenza di disturbi mentali e della personalità nei criminali pone sfide significative per il sistema di giustizia penale. È essenziale che il sistema riconosca e affronti le esigenze di salute mentale degli individui coinvolti nel sistema giudiziario. Questo può includere valutazioni psicologiche complete, trattamenti appropriati e programmi di riabilitazione. Inoltre, la formazione degli operatori del sistema di giustizia penale

sulla gestione dei disturbi mentali può migliorare le risposte e ridurre la recidiva.

6. **Strategie di intervento e trattamento**: Gli interventi per affrontare l'influenza dei disturbi mentali e della personalità sul comportamento criminale devono essere multidisciplinari. I trattamenti psicologici, come la terapia cognitivo-comportamentale (CBT) e la terapia dialettico-comportamentale (DBT), hanno dimostrato efficacia nel ridurre i comportamenti criminali e migliorare la gestione dei sintomi. Inoltre, l'accesso a farmaci psicotropi può essere essenziale per stabilizzare le condizioni mentali. Programmi di supporto sociale, inclusi l'assistenza abitativa e lavorativa, possono aiutare a reintegrare gli individui nella società e ridurre il rischio di recidiva.

In conclusione, i disturbi mentali e della personalità hanno un'influenza significativa sul comportamento criminale. Comprendere e affrontare questi fattori psicologici è cruciale per sviluppare strategie efficaci di prevenzione e intervento. Un approccio integrato che coinvolga il sistema di giustizia penale, i servizi di salute mentale e le comunità può migliorare la gestione dei criminali con disturbi mentali e ridurre l'impatto della criminalità sulla società.

Capitolo 4
Metodi di Ricerca Criminologica

1. Metodi Statistici e Analisi dei Dati

Tecniche quantitative in criminologia

Le tecniche quantitative sono essenziali nella ricerca criminologica poiché permettono di analizzare dati numerici, misurare fenomeni e individuare tendenze e correlazioni. Questi metodi offrono una base solida per sviluppare teorie, valutare politiche e prendere decisioni informate. Le principali tecniche quantitative utilizzate in criminologia includono indagini statistiche, esperimenti, analisi secondarie di dati, sondaggi e studi longitudinali.

Indagini Statistiche Le indagini statistiche sono uno dei metodi più comuni e fondamentali in criminologia. Queste indagini possono essere condotte a vari livelli, dai censimenti nazionali alle indagini locali. Gli strumenti di raccolta dati includono questionari strutturati e interviste standardizzate. I dati raccolti vengono poi analizzati utilizzando software statistici avanzati, come SPSS o STATA, per identificare modelli e tendenze. Ad esempio, le indagini sulla vittimizzazione possono rivelare la prevalenza e l'incidenza di diversi tipi di crimini all'interno di una popolazione specifica.

Esperimenti Gli esperimenti sono metodi di ricerca che consentono di stabilire relazioni causali tra variabili. In criminologia, gli esperimenti possono essere utilizzati per testare l'efficacia di interventi specifici, come programmi di prevenzione della criminalità o politiche di controllo della polizia. Gli esperimenti possono essere suddivisi in due categorie principali: esperimenti di laboratorio e esperimenti sul campo. Mentre gli esperimenti di laboratorio offrono un controllo maggiore sulle variabili, quelli sul campo garantiscono una maggiore validità ecologica. Ad esempio, un esperimento sul campo potrebbe testare l'impatto delle telecamere di sorveglianza sulle tendenze di criminalità in un determinato quartiere.

Analisi Secondarie di Dati L'analisi secondaria di dati implica l'uso di dati esistenti raccolti per altri scopi. Questi dati possono provenire da fonti governative, come le statistiche ufficiali sui crimini, o da progetti di ricerca precedenti. L'analisi secondaria è vantaggiosa perché consente ai ricercatori di risparmiare tempo e risorse, permettendo loro di concentrarsi sull'analisi dei dati piuttosto che sulla raccolta. Ad esempio, i dati dell'Uniform Crime Reporting (UCR) Program dell'FBI vengono spesso utilizzati per analizzare tendenze a lungo termine nei tassi di criminalità negli Stati Uniti.

Sondaggi I sondaggi sono uno strumento prezioso per raccogliere dati su atteggiamenti, percezioni e comportamenti legati alla criminalità. I sondaggi possono essere somministrati tramite diverse modalità, tra cui interviste telefoniche, questionari online e interviste faccia a faccia. L'uso di campioni rappresentativi della popolazione permette di generalizzare i risultati all'intera popolazione di interesse.

Ad esempio, il National Crime Victimization Survey (NCVS) negli Stati Uniti utilizza sondaggi per raccogliere dati sulle esperienze di vittimizzazione non segnalate alla polizia.

Studi Longitudinali Gli studi longitudinali seguono gli stessi soggetti nel tempo per osservare i cambiamenti e identificare le cause e le conseguenze del comportamento criminale. Questi studi sono particolarmente utili per comprendere le dinamiche dello sviluppo della criminalità e l'impatto degli interventi a lungo termine. Gli studi longitudinali possono essere costosi e richiedono molto tempo, ma forniscono informazioni preziose che non possono essere ottenute tramite studi trasversali. Un esempio significativo è lo studio del "Cambridge Study in Delinquent Development", che ha seguito un campione di ragazzi britannici dal 1961 per studiare i fattori di rischio associati alla delinquenza giovanile.

In conclusione, le tecniche quantitative sono fondamentali per la ricerca criminologica, poiché forniscono strumenti robusti per l'analisi dei dati e la comprensione dei fenomeni criminali. L'uso di metodi quantitativi consente ai ricercatori di sviluppare e testare teorie, valutare l'efficacia delle politiche e delle pratiche di giustizia penale e migliorare la nostra comprensione della criminalità e della sua prevenzione.

2. Studi di Caso

Approfondimenti qualitativi su crimini specifici

Gli studi di caso sono un metodo di ricerca qualitativa che permette di esplorare in profondità crimini specifici attraverso un'analisi dettagliata di singoli eventi, individui, o gruppi. Questo approccio consente ai ricercatori di ottenere una comprensione più completa delle dinamiche, dei contesti e delle implicazioni di determinati comportamenti criminali, andando oltre le mere statistiche per cogliere la complessità dei fenomeni studiati.

Definizione e Scopo degli Studi di Caso

Gli studi di caso si concentrano su un singolo caso o un numero limitato di casi per analizzare le variabili e le dinamiche che influenzano il comportamento criminale. L'obiettivo è comprendere in profondità il contesto e le circostanze che portano a un crimine, esaminando i fattori sociali, psicologici, economici e culturali che interagiscono tra loro. Questo approccio è particolarmente utile per studiare crimini complessi e rari, che non possono essere adeguatamente spiegati attraverso metodi quantitativi.

Metodologia

La metodologia degli studi di caso prevede diverse fasi, tra cui la selezione del caso, la raccolta dei dati, l'analisi e la presentazione dei risultati. La selezione del caso è cruciale e deve essere basata sulla rilevanza e sull'unicità del caso in relazione alla domanda di ricerca.

La raccolta dei dati può avvenire attraverso interviste, osservazioni dirette, analisi di documenti, e altre fonti di informazioni qualitative. L'analisi dei dati richiede una codifica e una categorizzazione tematica per identificare i pattern e le connessioni tra le variabili. Infine, la presentazione dei risultati deve essere dettagliata e descrittiva, fornendo un quadro completo del caso studiato.

Esempi di Studi di Caso

Un esempio classico di studio di caso è l'analisi del "Boston Strangler" condotta da F. Lee Bailey. Questo studio ha esaminato in dettaglio le circostanze dei crimini attribuiti ad Albert DeSalvo, analizzando le prove, i profili psicologici, e le tecniche investigative utilizzate. Un altro esempio significativo è lo studio del "Caso di Kitty Genovese" che ha portato alla concettualizzazione del fenomeno dell'"effetto spettatore" in psicologia sociale e criminologia.

Vantaggi degli Studi di Caso

Gli studi di caso offrono numerosi vantaggi nella ricerca criminologica:

- **Profondità di Analisi**: Consentono un'analisi approfondita e dettagliata dei casi, fornendo una comprensione ricca e sfumata dei fenomeni criminali.

- **Contestualizzazione**: Permettono di contestualizzare il crimine all'interno del suo ambiente sociale, culturale ed economico.

- **Teorizzazione**: Contribuiscono allo sviluppo di nuove teorie e ipotesi che possono essere testate in ricerche future.

- **Flessibilità**: Offrono flessibilità metodologica, permettendo l'uso di diverse tecniche di raccolta e analisi dei dati.

Limitazioni degli Studi di Caso

Nonostante i numerosi vantaggi, gli studi di caso presentano alcune limitazioni:

- **Generalizzabilità**: I risultati di uno studio di caso non possono essere facilmente generalizzati ad altre popolazioni o contesti.

- **Bias del Ricercatore**: L'interpretazione dei dati può essere influenzata dai pregiudizi e dalle percezioni del ricercatore.

- **Risorse**: Gli studi di caso richiedono tempo e risorse considerevoli per essere condotti in modo approfondito.

In conclusione, gli studi di caso sono un metodo potente e versatile nella ricerca criminologica, offrendo approfondimenti qualitativi che arricchiscono la comprensione dei crimini specifici. Combinati con altri metodi di ricerca, possono fornire una visione completa e integrata dei fenomeni criminali, contribuendo in modo significativo allo sviluppo della criminologia come disciplina scientifica.

3. Interviste e Osservazioni sul Campo

Metodologie e risultati delle ricerche sul campo

Le interviste e le osservazioni sul campo sono metodi di ricerca qualitativa fondamentali in criminologia. Questi approcci permettono ai ricercatori di raccogliere dati dettagliati e contestualizzati, fornendo una comprensione profonda delle esperienze, dei comportamenti e delle dinamiche sociali legate alla criminalità. Esploriamo le metodologie e i risultati delle ricerche sul campo attraverso interviste e osservazioni.

Interviste sul Campo

Le interviste sul campo sono uno strumento cruciale per raccogliere informazioni dirette dai soggetti di studio. Queste interviste possono essere strutturate, semi-strutturate o non strutturate, a seconda del livello di flessibilità e profondità richiesto dalla ricerca.

- **Interviste Strutturate**: Utilizzano un set di domande predefinite e standardizzate, garantendo coerenza e comparabilità delle risposte. Sono utili per raccogliere dati specifici e quantitativi, ma possono limitare l'esplorazione di temi imprevisti.

- **Interviste Semi-Strutturate**: Combinano domande predefinite con la flessibilità di esplorare argomenti emergenti. Consentono una maggiore profondità e adattabilità, permettendo al ricercatore di seguire i filoni di discussione più rilevanti.

- **Interviste Non Strutturate**: Sono guidate dalle risposte dei partecipanti, offrendo la massima flessibilità e la possibilità di esplorare in profondità le esperienze personali. Queste interviste sono particolarmente utili per studi esplorativi e per comprendere prospettive individuali complesse.

Metodologie delle Interviste

La conduzione delle interviste sul campo richiede una preparazione accurata e una sensibilità particolare per costruire un rapporto di fiducia con i partecipanti. Alcuni passaggi chiave includono:

1. **Pianificazione**: Definire gli obiettivi della ricerca, selezionare i partecipanti e preparare le domande di intervista.

2. **Condurre l'Intervista**: Stabilire un ambiente confortevole, spiegare il contesto della ricerca e ottenere il consenso informato. Durante l'intervista, il ricercatore deve essere attento e flessibile, guidando la conversazione senza influenzare le risposte.

3. **Registrazione e Trascrizione**: Registrare le interviste (con il permesso dei partecipanti) e trascrivere accuratamente le risposte per l'analisi successiva.

4. **Analisi dei Dati**: Codificare e categorizzare le risposte per identificare temi, pattern e connessioni significative.

Osservazioni sul Campo

Le osservazioni sul campo permettono ai ricercatori di raccogliere dati attraverso l'osservazione diretta dei comportamenti e delle interazioni in contesti naturali. Questo metodo fornisce una prospettiva unica e non filtrata della realtà sociale.

- **Osservazione Partecipante**: Il ricercatore partecipa attivamente alle attività del gruppo studiato, integrandosi nella comunità e osservando dall'interno. Questo approccio offre un accesso privilegiato a informazioni dettagliate, ma richiede una gestione attenta del bilanciamento tra partecipazione e osservazione.

- **Osservazione Non Partecipante**: Il ricercatore osserva da una posizione esterna senza interagire direttamente con i soggetti studiati. Questo metodo minimizza l'influenza del ricercatore sul contesto, ma può limitare la profondità delle informazioni raccolte.

Metodologie delle Osservazioni

La conduzione delle osservazioni sul campo richiede una preparazione metodica e una capacità di adattamento alle dinamiche del contesto osservato. Alcuni passaggi chiave includono:

1. **Definire l'Obiettivo**: Chiarire gli scopi della ricerca e le domande a cui si vuole rispondere attraverso l'osservazione.

2. **Selezionare il Contesto**: Scegliere un ambiente rilevante e accessibile per l'osservazione.

3. **Raccogliere i Dati**: Prendere appunti dettagliati e sistematici sulle osservazioni, utilizzando tecniche come il diario di campo per documentare le impressioni e le riflessioni del ricercatore.

4. **Analisi dei Dati**: Rivedere e codificare le osservazioni per identificare pattern, comportamenti ricorrenti e dinamiche sociali significative.

Risultati delle Ricerche sul Campo

Le ricerche sul campo mediante interviste e osservazioni hanno prodotto risultati significativi in diversi ambiti della criminologia:

- **Comprensione delle Gang**: Studi etnografici sulle gang giovanili hanno rivelato le dinamiche interne, i riti di iniziazione, e le motivazioni socio-economiche che spingono i giovani ad unirsi a questi gruppi. Ad esempio, l'opera di Sudhir Venkatesh, "Gang Leader for a Day", ha offerto un'analisi dettagliata delle strutture di potere e delle economie illegali all'interno delle gang di Chicago.

- **Vittimizzazione e Percezione del Crimine**: Le interviste con vittime di crimini violenti hanno fornito insight sulle conseguenze psicologiche della vittimizzazione e sulle percezioni di sicurezza pubblica. Queste informazioni sono cruciali per sviluppare politiche di supporto alle vittime e programmi di prevenzione.

- **Comportamenti Devianti**: Le osservazioni sul campo di comportamenti devianti, come l'uso di droghe o la prostituzione, hanno permesso di comprendere meglio le reti sociali, le strategie di sopravvivenza e le interazioni con le forze dell'ordine.

In conclusione, le interviste e le osservazioni sul campo sono strumenti essenziali per la ricerca criminologica, offrendo una comprensione ricca e dettagliata dei fenomeni criminali. Questi metodi qualitativi complementano le analisi quantitative, fornendo un quadro completo e sfumato delle dinamiche sociali che influenzano la criminalità.

4. Esempi Pratici di Ricerche Criminologiche

Applicazione pratica di metodi di ricerca

La ricerca criminologica si avvale di una vasta gamma di metodi per esplorare e comprendere i fenomeni criminali. L'applicazione pratica di questi metodi consente di tradurre teorie e ipotesi in conoscenze concrete e utilizzabili per sviluppare politiche e interventi efficaci. Di seguito vengono presentati alcuni esempi pratici di ricerche criminologiche, illustrando l'uso di diversi metodi di ricerca e i loro risultati.

Indagini Statistiche Nazionali

Un esempio significativo di ricerca criminologica che utilizza indagini statistiche è il National Crime Victimization Survey (NCVS) negli Stati Uniti. Questa indagine raccoglie dati su crimini non denunciati alla polizia attraverso interviste a campioni rappresentativi di famiglie. Utilizzando tecniche quantitative, i ricercatori analizzano i tassi di vittimizzazione, le caratteristiche delle vittime e dei reati, e le circostanze che influenzano la denuncia dei crimini. I risultati di queste indagini forniscono una visione completa delle esperienze di vittimizzazione e sono fondamentali per sviluppare politiche di sicurezza pubblica e supporto alle vittime.

Esperimenti sul Campo per la Prevenzione della Criminalità

Un esempio pratico di esperimento sul campo è il programma "Operation Ceasefire" a Boston, un intervento di prevenzione della violenza giovanile. Questo programma ha combinato un approccio di polizia focalizzata con il coinvolgimento della comunità per ridurre la violenza tra le gang. I ricercatori hanno utilizzato un disegno sperimentale per valutare l'impatto del programma, confrontando i tassi di omicidi giovanili prima e dopo l'implementazione dell'intervento. I risultati hanno mostrato una significativa riduzione degli omicidi giovanili, dimostrando l'efficacia del programma e fornendo una base empirica per replicare l'intervento in altre città.

Studi di Caso di Criminalità Organizzata

Uno studio di caso rilevante nel campo della criminalità organizzata è l'analisi della mafia siciliana condotta da Diego Gambetta. Utilizzando una combinazione di interviste, documenti storici e osservazioni sul campo, Gambetta ha esplorato le strutture di potere, le reti sociali e le pratiche economiche della mafia. Questo studio ha rivelato come la mafia utilizzi la violenza e la corruzione per mantenere il controllo sociale ed economico, offrendo una comprensione approfondita delle dinamiche interne dell'organizzazione. I risultati hanno influenzato le politiche di contrasto alla mafia, promuovendo strategie basate sulla disarticolazione delle reti criminali e il rafforzamento delle istituzioni statali.

Osservazioni sul Campo della Delinquenza Giovanile

Un esempio pratico di ricerca attraverso osservazioni sul campo è lo studio di William Foote Whyte sulla delinquenza giovanile nei quartieri urbani, presentato nel libro "Street Corner Society". Whyte ha vissuto per diversi anni in un quartiere povero di Boston, osservando direttamente le interazioni e i comportamenti dei giovani del luogo. Attraverso l'osservazione partecipante, ha documentato le dinamiche sociali, le gerarchie di gruppo e le modalità di risoluzione dei conflitti tra i giovani. I risultati hanno fornito una visione dettagliata della vita dei ragazzi di strada, influenzando le politiche di intervento sociale e i programmi di prevenzione della delinquenza.

Analisi Secondarie di Dati sui Crimini Informatici

Nel campo del cybercrime, un esempio pratico di ricerca che utilizza l'analisi secondaria di dati è lo studio dei modelli di attacco e delle vulnerabilità informatiche attraverso i database di incidenti di sicurezza. I ricercatori analizzano dati provenienti da fonti come il Computer Emergency Response Team (CERT) e altre organizzazioni di sicurezza informatica per identificare le tendenze negli attacchi informatici, le tecniche utilizzate dai criminali e le vulnerabilità più comuni nei sistemi informatici. Questi studi forniscono informazioni cruciali per sviluppare strategie di difesa e migliorare la sicurezza informatica a livello globale.

Interviste con le Vittime di Tratta di Esseri Umani

Un esempio di ricerca qualitativa attraverso interviste è lo studio della tratta di esseri umani. I ricercatori conducono interviste approfondite con le vittime per comprendere le loro esperienze, i meccanismi di reclutamento e controllo, e le sfide nel processo di recupero. Queste interviste forniscono insight preziosi sulle condizioni che facilitano la tratta e sui bisogni delle vittime, informando lo sviluppo di programmi di supporto e politiche di prevenzione. Ad esempio, le ricerche condotte da organizzazioni come Polaris Project hanno contribuito a migliorare le leggi contro la tratta e a creare reti di sostegno per le vittime.

Conclusione

Gli esempi pratici di ricerche criminologiche illustrano come diversi metodi di ricerca possano essere applicati per studiare una vasta gamma di fenomeni criminali. Che si tratti di indagini statistiche, esperimenti sul campo, studi di caso, osservazioni dirette, analisi secondarie di dati o interviste, ogni metodo offre un contributo unico alla comprensione della criminalità. L'applicazione pratica di questi metodi permette di tradurre le teorie criminologiche in conoscenze utili per sviluppare politiche efficaci e interventi mirati, contribuendo alla prevenzione del crimine e al miglioramento del sistema di giustizia penale.

Capitolo 5
Prevenzione e Intervento

1. Politiche di Prevenzione del Crimine

Strategie governative e comunitarie

La prevenzione del crimine è un elemento fondamentale delle politiche di sicurezza pubblica. Le strategie di prevenzione si suddividono principalmente in due categorie: quelle governative, che sono attuate attraverso politiche e programmi a livello nazionale o locale, e quelle comunitarie, che coinvolgono direttamente i cittadini e le organizzazioni locali. Entrambi gli approcci mirano a ridurre le opportunità di commettere crimini, affrontare le cause profonde della criminalità e promuovere un ambiente sicuro e coeso.

Strategie Governative di Prevenzione del Crimine

Le strategie governative di prevenzione del crimine includono leggi, regolamenti e programmi specifici progettati per ridurre la criminalità e migliorare la sicurezza pubblica. Alcuni esempi di queste strategie includono:

- **Polizia di prossimità**: Questo approccio enfatizza la collaborazione tra la polizia e la comunità locale. Gli agenti di polizia vengono assegnati a specifici quartieri per stabilire relazioni con i residenti, comprendere le loro preoccupazioni e lavorare insieme per risolvere i problemi di sicurezza. La polizia di prossimità ha dimostrato di ridurre la criminalità attraverso una maggiore fiducia e cooperazione tra la polizia e la comunità.

- **Programmi di prevenzione situazionale**: Questi programmi mirano a ridurre le opportunità di commettere crimini attraverso modifiche ambientali e tecnologiche. Ad esempio, l'installazione di telecamere di sorveglianza, l'illuminazione pubblica migliorata e la progettazione urbana sicura possono dissuadere i potenziali criminali e aumentare la percezione di sicurezza tra i residenti.

- **Leggi e regolamenti**: L'adozione di leggi più severe e regolamenti può aiutare a prevenire specifici tipi di crimini. Ad esempio, leggi che regolano la vendita di alcolici, il possesso di armi da fuoco e le sostanze stupefacenti sono strumenti importanti nella prevenzione del crimine. Inoltre, politiche di tolleranza zero per reati minori possono avere un effetto deterrente sui crimini più gravi.

- **Programmi di intervento precoce**: Questi programmi sono progettati per identificare e supportare individui a rischio di comportamenti criminali. Le iniziative possono includere servizi di consulenza, programmi educativi e formazione professionale per giovani a rischio, che possono aiutare a prevenire la delinquenza giovanile e promuovere percorsi di vita positivi.

Strategie Comunitarie di Prevenzione del Crimine

Le strategie comunitarie di prevenzione del crimine coinvolgono direttamente i cittadini e le organizzazioni locali nella creazione di ambienti sicuri. Queste strategie riconoscono l'importanza della partecipazione attiva della comunità nel prevenire la criminalità e promuovere la coesione sociale. Alcuni esempi di queste strategie includono:

- **Sorveglianza di quartiere**: I programmi di sorveglianza di quartiere incoraggiano i residenti a monitorare le attività sospette e a segnalare immediatamente alle autorità qualsiasi comportamento insolito. Questi programmi promuovono un senso di responsabilità condivisa e possono dissuadere i criminali grazie alla maggiore vigilanza comunitaria.

- **Iniziative di sviluppo comunitario**: Le iniziative che mirano a migliorare la qualità della vita nei quartieri svantaggiati possono avere un impatto significativo sulla prevenzione del crimine. Progetti di riqualificazione urbana, creazione di spazi pubblici sicuri e accesso a servizi essenziali come l'istruzione e la sanità contribuiscono a ridurre le cause strutturali della criminalità.

- **Educazione e sensibilizzazione**: Le campagne di sensibilizzazione e i programmi educativi sono strumenti potenti per prevenire il crimine. Questi programmi possono riguardare tematiche come la prevenzione della violenza domestica, la sicurezza online e la prevenzione dell'abuso di sostanze. L'educazione aiuta a informare i cittadini sui rischi e le misure di protezione, promuovendo comportamenti sicuri e responsabili.

- **Partecipazione giovanile**: Coinvolgere i giovani in attività positive e significative è una strategia efficace per prevenire la delinquenza giovanile. Programmi di mentoring, sport, arti e volontariato offrono alternative costruttive alla criminalità e aiutano i giovani a sviluppare competenze sociali e personali.

Esempi di Successo

Numerosi esempi di successo dimostrano l'efficacia delle strategie governative e comunitarie nella prevenzione del crimine:

- **Il Programma di Prevenzione della Violenza di Chicago**: Questo programma ha combinato interventi di polizia focalizzata con iniziative comunitarie per ridurre la violenza giovanile. Le attività includevano la mediazione dei conflitti, il supporto ai giovani a rischio e l'educazione sulle conseguenze della violenza. I risultati hanno mostrato una significativa riduzione degli omicidi e degli atti di violenza giovanile.

- **Il Progetto Safe Streets a Baltimora**: Un'iniziativa di polizia di prossimità che ha coinvolto agenti di polizia e residenti locali nella collaborazione per risolvere i problemi di sicurezza. Il progetto ha portato a una riduzione dei crimini violenti e ha migliorato la percezione di sicurezza tra i residenti.

- **Il Programma di Sorveglianza di Quartiere nel Regno Unito**: Questo programma ha coinvolto migliaia di comunità in tutto il paese, incoraggiando i residenti a lavorare insieme per prevenire il crimine. I risultati hanno mostrato una diminuzione dei crimini di proprietà e un aumento della coesione sociale nelle aree partecipanti.

Conclusione

Le politiche di prevenzione del crimine, sia governative che comunitarie, sono essenziali per creare ambienti sicuri e ridurre la criminalità. Mentre le strategie governative forniscono un quadro normativo e risorse per affrontare i problemi di sicurezza, le strategie comunitarie valorizzano la partecipazione attiva dei cittadini e promuovono la coesione sociale. L'integrazione di questi approcci può offrire soluzioni efficaci e sostenibili per la prevenzione del crimine, contribuendo a costruire società più sicure e resilienti.

2. Programmi di Prevenzione Comunitaria

Iniziative Locali per Ridurre il Crimine

Le iniziative locali per ridurre il crimine rappresentano uno degli approcci più efficaci per promuovere la sicurezza e la coesione sociale nelle comunità. Questi programmi sono progettati per affrontare le cause profonde della criminalità attraverso interventi mirati che coinvolgono direttamente i membri della comunità. La prevenzione comunitaria si basa sulla collaborazione tra cittadini, organizzazioni locali, forze dell'ordine e altri stakeholder per creare un ambiente sicuro e supportivo.

Le iniziative locali per ridurre il crimine possono assumere diverse forme, ognuna delle quali è adattata alle specifiche esigenze e caratteristiche della comunità. Ecco alcuni esempi di programmi efficaci:

1. **Programmi di Educazione e Sensibilizzazione:**

    o **Campagne Educative**: Queste iniziative mirano a informare i cittadini sui rischi associati alla criminalità e sulle misure di sicurezza che possono adottare. Le campagne possono includere seminari, workshop e distribuzione di materiale informativo.

    o **Programmi nelle Scuole**: L'educazione nelle scuole su temi come il bullismo, la violenza e l'abuso di sostanze aiuta a prevenire comportamenti devianti tra i giovani. Le attività possono includere lezioni, gruppi di discussione e interventi di esperti.

2. **Progetti di Coinvolgimento della Comunità:**

    o **Sorveglianza di Quartiere**: I programmi di sorveglianza di quartiere coinvolgono i residenti nel monitoraggio e nella segnalazione di attività sospette. Questo tipo di iniziativa favorisce un senso di responsabilità collettiva e migliora la collaborazione con le forze dell'ordine.

- o **Eventi Comunitari**: Organizzare eventi comunitari come feste di quartiere, mercati e attività sportive può rafforzare i legami sociali e ridurre l'isolamento, fattori che spesso contribuiscono alla criminalità.

3. **Interventi di Supporto Sociale**:

- o **Servizi di Consulenza e Supporto**: Offrire servizi di consulenza psicologica e supporto sociale a individui e famiglie in difficoltà può aiutare a prevenire comportamenti criminali. Questi servizi possono essere forniti da organizzazioni non profit, chiese o enti locali.

- o **Programmi di Reinserimento**: Per gli ex detenuti, programmi di reinserimento sociale e lavorativo sono cruciali per ridurre il rischio di recidiva. Questi programmi offrono formazione professionale, assistenza nella ricerca di lavoro e supporto continuo.

4. **Iniziative di Rigenerazione Urbana**:

- o **Miglioramento dell'Ambiente Fisico**: Interventi come la riqualificazione di aree degradate, l'illuminazione pubblica e la creazione di spazi verdi contribuiscono a creare un ambiente più sicuro e accogliente, riducendo così le opportunità di criminalità.

- o **Housing Sociale**: Progetti di housing sociale mirano a fornire abitazioni dignitose e accessibili per le famiglie a basso reddito, riducendo le condizioni di disagio che possono portare a comportamenti criminali.

Attraverso queste iniziative, le comunità possono non solo ridurre i tassi di criminalità, ma anche promuovere un senso di appartenenza e solidarietà tra i residenti, creando un ambiente più sicuro e prospero per tutti.

3. Tecniche di Riabilitazione dei Criminali

Approcci Terapeutici e Educativi

La riabilitazione dei criminali è un aspetto cruciale del sistema di giustizia penale, volto a ridurre la recidiva e favorire il reinserimento sociale dei detenuti. Gli approcci terapeutici ed educativi rappresentano due delle principali strategie utilizzate per raggiungere questi obiettivi. Attraverso interventi mirati, è possibile aiutare gli individui a sviluppare nuove competenze, migliorare la loro salute mentale e prepararsi per una vita produttiva e legale fuori dal carcere.

Approcci Terapeutici

1. **Terapia Cognitivo-Comportamentale (CBT)**:

   o **Descrizione**: La CBT è un approccio psicoterapeutico che mira a modificare i pensieri e i comportamenti disfunzionali. È ampiamente utilizzata nel trattamento di una varietà di disturbi mentali e comportamentali, compresa la criminalità.

   o **Efficacia**: Studi hanno dimostrato che la CBT può ridurre significativamente la recidiva tra i detenuti, aiutandoli a sviluppare strategie di coping più efficaci e a gestire meglio le emozioni negative.

2. **Terapia di Gruppo**:

   o **Descrizione**: La terapia di gruppo offre ai partecipanti l'opportunità di condividere esperienze e supportarsi a vicenda sotto la guida di un terapeuta qualificato.

   o **Benefici**: Questa forma di terapia può migliorare le abilità sociali, aumentare il senso di comunità e responsabilità e fornire un ambiente sicuro per discutere delle sfide comuni.

3. **Consulenza Psicologica Individuale**:

   o **Descrizione**: La consulenza individuale fornisce un supporto personalizzato, affrontando problemi specifici come traumi, dipendenze o disturbi mentali.

   o **Risultati**: Gli interventi individuali possono portare a miglioramenti significativi nella salute mentale e nel comportamento, contribuendo a una maggiore stabilità e adattamento post-detenzione.

Approcci Educativi

1. **Programmi di Istruzione**:

   o **Descrizione**: Offrire opportunità educative all'interno del carcere, come corsi di alfabetizzazione, diplomi di scuola superiore e formazione professionale.

   o **Vantaggi**: L'istruzione è un potente strumento di riabilitazione che può aumentare l'occupabilità dei detenuti, riducendo le probabilità di recidiva. La formazione professionale, in particolare, fornisce competenze pratiche che possono facilitare l'inserimento nel mercato del lavoro.

2. **Educazione Emotiva e Sociale**:

- o **Descrizione**: Programmi che insegnano abilità di vita, gestione delle emozioni e risoluzione dei conflitti.

- o **Impatto**: Questi programmi aiutano i detenuti a sviluppare competenze essenziali per la vita quotidiana, migliorando le loro relazioni interpersonali e la capacità di prendere decisioni responsabili.

3. **Laboratori Creativi e Attività Ricreative**:

- o **Descrizione**: Attività come arte, musica, teatro e sport che offrono un'uscita costruttiva per l'energia e le emozioni dei detenuti.

- o **Benefici**: Le attività creative possono migliorare l'autostima, favorire l'espressione personale e fornire un senso di realizzazione e scopo.

Attraverso una combinazione di approcci terapeutici ed educativi, è possibile creare un ambiente di supporto che promuove la crescita personale e la riabilitazione dei detenuti. Questi programmi non solo beneficiano gli individui coinvolti, ma contribuiscono anche a una società più sicura riducendo il tasso di recidiva e favorendo il reinserimento sociale positivo.

4. Riduzione della Recidiva

Efficacia dei Programmi di Riabilitazione

La riduzione della recidiva è uno degli obiettivi principali del sistema di giustizia penale e dei programmi di riabilitazione. La recidiva, definita come il ritorno al crimine da parte di una persona che è già stata condannata e rilasciata, rappresenta una sfida significativa per la società, poiché implica non solo un fallimento nel processo riabilitativo, ma anche un aumento dei costi sociali ed economici. I programmi di riabilitazione sono progettati per affrontare le cause alla base della criminalità e fornire agli individui gli strumenti necessari per reintegrarsi con successo nella società.

Efficacia dei Programmi di Riabilitazione

1. **Terapia Cognitivo-Comportamentale (CBT)**:

   - **Descrizione**: La CBT è un approccio terapeutico che mira a cambiare i modelli di pensiero disfunzionali e i comportamenti negativi. Si concentra sullo sviluppo di competenze di coping e sulla gestione delle emozioni.

   - **Evidenze di Efficacia**: Numerosi studi hanno dimostrato che la CBT è efficace nel ridurre la recidiva tra i detenuti. Secondo una meta-analisi condotta da Lipsey e Cullen, la CBT può ridurre la recidiva fino al 20-30%.

2. **Programmi di Educazione e Formazione Professionale:**

   o **Descrizione:** Offrire istruzione accademica e formazione professionale ai detenuti per migliorare le loro competenze e aumentare le opportunità di occupazione post-rilascio.

   o **Impatto:** I programmi educativi e di formazione professionale sono tra i più efficaci nel ridurre la recidiva. Un rapporto del RAND Corporation ha rilevato che i detenuti che partecipano a programmi educativi hanno il 43% in meno di probabilità di tornare in carcere rispetto a coloro che non partecipano.

3. **Programmi di Reinserimento Sociale:**

   o **Descrizione:** Questi programmi offrono supporto continuo ai detenuti dopo il rilascio, inclusi servizi di consulenza, assistenza nella ricerca di lavoro e alloggio temporaneo.

   o **Risultati:** Il supporto post-rilascio è cruciale per la riduzione della recidiva. Studi hanno mostrato che i programmi di reinserimento che includono supporto intensivo e personalizzato possono ridurre significativamente i tassi di recidiva. Per esempio, i programmi di reentry come quelli implementati dall'Office of Justice Programs negli Stati Uniti hanno mostrato una riduzione della recidiva del 10-20%.

4. **Trattamento delle Dipendenze**:

   o **Descrizione**: Interventi mirati a trattare le dipendenze da sostanze stupefacenti e alcol, che sono spesso alla base dei comportamenti criminali.

   o **Efficacia**: I programmi di trattamento delle dipendenze, come i tribunali per le droghe (drug courts), sono stati efficaci nel ridurre la recidiva. Secondo il National Institute of Justice, i partecipanti ai drug courts hanno una recidiva significativamente inferiore rispetto a quelli che affrontano il tradizionale processo giudiziario.

5. **Interventi Basati sulla Comunità**:

   o **Descrizione**: Questi interventi coinvolgono la comunità nel processo di riabilitazione, includendo programmi di mentoring, supporto da parte di pari e attività di coinvolgimento civico.

   o **Benefici**: Gli interventi basati sulla comunità possono creare un forte sistema di supporto per gli ex detenuti, facilitando la loro reintegrazione e riducendo la recidiva. Ad esempio, i programmi di mentoring come quelli implementati dal Big Brothers

Big Sisters of America hanno dimostrato una riduzione dei tassi di recidiva.

In sintesi, l'efficacia dei programmi di riabilitazione è ben documentata e fondamentale per la riduzione della recidiva. Implementare e supportare questi programmi non solo aiuta gli individui a cambiare le loro vite, ma contribuisce anche a una società più sicura e giusta.

Capitolo 6
Sistemi di Giustizia Penale

1. Struttura delle Forze dell'Ordine

Organizzazione e Funzioni della Polizia

Le forze dell'ordine sono una componente essenziale del sistema di giustizia penale, incaricate di mantenere l'ordine pubblico, prevenire e investigare i crimini, e far rispettare le leggi. La struttura e l'organizzazione della polizia possono variare significativamente a seconda del paese e delle giurisdizioni locali, ma generalmente seguono modelli simili con gerarchie ben definite e divisioni funzionali specializzate.

Organizzazione della Polizia

1. **Livelli di Giurisdizione:**

   o **Polizia Locale**: Le forze di polizia locale, o municipale, sono responsabili della sicurezza in città e comuni. Questi agenti operano sotto l'autorità dei governi locali e si concentrano su crimini ordinari, controllo del traffico e risoluzione di problemi comunitari.

   o **Polizia Statale**: In molti paesi, esistono forze di polizia a livello statale che si occupano di crimini che attraversano le giurisdizioni locali o richiedono risorse specializzate. Queste forze possono includere pattuglie stradali, investigatori di crimini maggiori e squadre di intervento d'emergenza.

- o **Polizia Nazionale**: Alcuni paesi hanno una forza di polizia nazionale con competenze che coprono tutto il territorio nazionale. Questi corpi sono spesso responsabili di fronteggiare il crimine organizzato, il terrorismo e altre minacce alla sicurezza nazionale.

2. **Struttura Gerarchica:**

- o **Vertice**: La gerarchia della polizia inizia con i vertici, come il Capo della Polizia o il Commissario, che sovrintendono a tutte le operazioni del dipartimento. Questi leader stabiliscono le politiche, gestiscono il budget e rappresentano la forza nei rapporti con altre agenzie e il pubblico.

- o **Gradi e Ruoli**: Sotto il vertice, ci sono vari gradi di ufficiali con ruoli specifici, come Vice Capo, Capitano, Tenente e Sergente. Ogni grado ha responsabilità specifiche che vanno dalla supervisione delle operazioni quotidiane alla gestione delle unità specializzate.

3. **Divisioni Specializzate**:

   o **Investigazioni Criminali**: Questi dipartimenti si concentrano sulle investigazioni di crimini maggiori come omicidi, rapine, e truffe. Gli investigatori lavorano spesso in stretta collaborazione con altre agenzie per risolvere i casi complessi.

   o **Unità di Intervento Rapido**: Queste unità sono addestrate per rispondere a situazioni di emergenza, come sparatorie attive, sequestri e incidenti di massa. Sono equipaggiate con armi e attrezzature speciali.

   o **Polizia Stradale**: Si occupano della sicurezza sulle strade, inclusi il controllo del traffico, la prevenzione degli incidenti e l'applicazione delle leggi sul traffico.

   o **Polizia di Quartiere**: Focus sulla costruzione di rapporti con la comunità, prevenzione del crimine a livello locale e risoluzione di problemi specifici della comunità.

Funzioni della Polizia

1. **Mantenimento dell'Ordine Pubblico**:

   o La polizia è responsabile di mantenere l'ordine durante eventi pubblici, manifestazioni e situazioni di emergenza. Questo include la gestione delle folle, la prevenzione dei disordini e la protezione delle proprietà pubbliche e private.

2. **Prevenzione del Crimine:**

   o Attraverso pattugliamenti, programmi di educazione pubblica e collaborazioni con la comunità, la polizia lavora per prevenire il crimine prima che si verifichi. Strategie proattive come il "community policing" sono centrali per questi sforzi.

3. **Investigazione dei Crimini:**

   o Gli ufficiali di polizia conducono indagini per risolvere crimini, raccogliere prove, identificare i sospetti e procedere con gli arresti. Questo può includere tecniche investigative avanzate come l'analisi forense e la sorveglianza.

4. **Protezione e Servizi alla Comunità:**

   o Oltre alle funzioni di sicurezza, la polizia fornisce una gamma di servizi alla comunità, tra cui la risposta alle chiamate di emergenza, l'assistenza nelle situazioni di crisi e il supporto alle vittime di crimine.

5. **Applicazione delle Leggi**:

   o   La polizia ha il compito di far rispettare le leggi, emettere citazioni, eseguire arresti e garantire che i responsabili dei crimini siano processati legalmente.

In conclusione, la struttura e le funzioni della polizia sono fondamentali per il mantenimento della legge e dell'ordine in una società. Una forza di polizia ben organizzata e ben addestrata è essenziale per proteggere i diritti dei cittadini, prevenire il crimine e rispondere efficacemente alle emergenze.

2. Funzionamento dei Tribunali

Processi Giudiziari e Ruolo del Sistema Legale

Il funzionamento dei tribunali è una componente essenziale del sistema di giustizia penale, poiché garantisce che le leggi siano applicate in modo equo e che i diritti degli individui siano protetti. I tribunali operano attraverso processi giudiziari ben definiti e strutturati, che coinvolgono diverse fasi e attori, ciascuno con un ruolo specifico nel garantire la giustizia.

Processi Giudiziari

1. **Fasi del Processo Giudiziario**:

   o   **Indagine Preliminare**: Prima che un caso arrivi in tribunale, le forze dell'ordine conducono un'indagine preliminare per raccogliere prove e determinare se esistono motivi sufficienti per procedere con un'accusa. Questa fase può includere l'interrogatorio dei sospetti, la raccolta di testimonianze e l'analisi delle prove fisiche.

o **Deposizione dell'Accusa**: Se le prove sono sufficienti, l'accusa deposita formalmente le accuse contro l'imputato. Questo documento, chiamato atto d'accusa, dettaglia i reati di cui l'imputato è accusato.

o **Udienza Preliminare**: Durante questa fase, il giudice valuta se ci sono prove sufficienti per procedere al processo. Se il giudice ritiene che le prove siano sufficienti, il caso procede; altrimenti, può essere archiviato.

o **Arraignment (Comparizione dell'Imputato)**: L'imputato compare in tribunale per rispondere alle accuse. Durante questa udienza, l'imputato può dichiararsi colpevole, non colpevole o no contest (nolo contendere).

o **Processo**: Se l'imputato si dichiara non colpevole, il caso procede al processo. Durante il processo, entrambe le parti presentano le loro prove e argomentazioni davanti a un giudice e, in molti casi, una giuria.

- **Selezione della Giuria**: Se il caso è un processo con giuria, i giurati vengono selezionati attraverso un processo chiamato voir dire, durante il quale le parti valutano la neutralità e l'idoneità dei potenziali giurati.

- **Presentazione delle Prove**: L'accusa e la difesa presentano le loro prove, inclusi testimonianze, documenti e oggetti fisici. Ogni parte ha il diritto di controinterrogare i testimoni dell'altra parte.

- **Argomentazioni Conclusive**: Dopo la presentazione delle prove, entrambe le parti fanno le loro argomentazioni conclusive, riassumendo le prove e cercando di convincere la giuria della colpevolezza o dell'innocenza dell'imputato.

- **Istruzioni alla Giuria**: Il giudice fornisce alla giuria le istruzioni legali su come devono considerare le prove e applicare la legge.

- **Verdetto**: La giuria delibera e cerca di raggiungere un verdetto unanime. Se la giuria non riesce a raggiungere un verdetto unanime, il giudice può dichiarare un processo nullo (hung jury) e il caso può essere ripetuto.

o **Sentenza**: Se l'imputato viene dichiarato colpevole, il giudice procede alla fase della sentenza, durante la quale determina la pena appropriata. Questo può includere prigione, libertà vigilata, multe o altre sanzioni.

2. **Ruolo degli Attori del Processo**:

o **Giudice**: Il giudice è l'autorità centrale del tribunale, responsabile di garantire che il processo si svolga secondo le leggi e le procedure. Il giudice decide le questioni legali, fornisce istruzioni alla giuria e, in molti casi, determina la sentenza.

o **Procuratore**: Il procuratore rappresenta lo Stato o il governo e ha il compito di dimostrare la colpevolezza dell'imputato oltre ogni ragionevole dubbio. Presenta le prove, interroga i testimoni e fa le argomentazioni conclusive.

o **Avvocato della Difesa**: L'avvocato della difesa rappresenta l'imputato e ha il compito di proteggere i suoi diritti e di contestare le prove dell'accusa. Può presentare prove a favore dell'imputato, controinterrogare i testimoni dell'accusa e fare le argomentazioni conclusive.

o **Giuria**: La giuria è composta da cittadini che valutano le prove presentate durante il processo e decidono il verdetto di colpevolezza o innocenza.

o **Testimoni e Esperti**: I testimoni forniscono testimonianze basate sulle loro osservazioni o conoscenze dirette. Gli esperti forniscono opinioni professionali basate sulle loro competenze in specifici campi.

Ruolo del Sistema Legale

Il sistema legale svolge una serie di funzioni cruciali nella società:

1. **Garanzia dei Diritti**:

   o Il sistema legale protegge i diritti individuali garantiti dalla costituzione e dalle leggi. Ciò include il diritto a un processo equo, il diritto alla difesa e il diritto a non essere sottoposti a punizioni crudeli o inusuali.

2. **Risoluzione delle Controversie**:

   o I tribunali forniscono un forum per la risoluzione delle controversie civili e penali. Attraverso un processo ordinato e imparziale, garantiscono che le dispute siano risolte in modo giusto e legale.

3. **Mantenimento dell'Ordine Sociale:**

   o Attraverso l'applicazione delle leggi, il sistema legale aiuta a mantenere l'ordine e la stabilità nella società. Le sanzioni per i comportamenti illegali servono da deterrente contro il crimine e promuovono il rispetto delle norme sociali.

4. **Funzione Educativa:**

   o I processi giudiziari e le sentenze dei tribunali hanno anche una funzione educativa, contribuendo a chiarire e definire le leggi e i principi legali. Le decisioni dei tribunali superiori stabiliscono precedenti che guidano future interpretazioni della legge.

5. **Amministrazione della Giustizia:**

   o Il sistema legale assicura che la giustizia sia amministrata in modo equo, trasparente e imparziale. Ciò contribuisce a mantenere la fiducia del pubblico nel sistema di giustizia penale.

In conclusione, il funzionamento dei tribunali e il ruolo del sistema legale sono fondamentali per garantire la giustizia, proteggere i diritti individuali e mantenere l'ordine sociale. Attraverso processi giudiziari ben strutturati e l'impegno di diversi attori del sistema legale, è possibile raggiungere questi obiettivi e promuovere una società giusta ed equa.

3. Sistemi Penitenziari

Struttura e Gestione delle Prigioni

I sistemi penitenziari sono una componente fondamentale del sistema di giustizia penale, responsabili della detenzione, gestione e riabilitazione degli individui condannati per reati. La struttura e la gestione delle prigioni variano significativamente da paese a paese, ma condividono principi comuni che mirano a garantire la sicurezza, promuovere la riabilitazione e proteggere i diritti umani dei detenuti.

Struttura delle Prigioni

1. **Tipologie di Prigioni**:

   - **Prigioni di Massima Sicurezza**: Queste strutture ospitano i detenuti più pericolosi e violenti, spesso condannati per crimini gravi come omicidi, terrorismo e crimine organizzato. Le prigioni di massima sicurezza sono caratterizzate da misure di sicurezza rigorose, come barriere fisiche, sorveglianza continua e regole restrittive per i movimenti dei detenuti.

   - **Prigioni di Media Sicurezza**: Destinate ai detenuti con condanne per reati meno gravi, queste prigioni offrono un equilibrio tra sicurezza e accesso a programmi di riabilitazione. Le misure di sicurezza sono meno rigide rispetto alle prigioni di massima sicurezza, ma i detenuti sono comunque sottoposti a sorveglianza regolare.

o **Prigioni di Minima Sicurezza**: Queste strutture ospitano detenuti che rappresentano un basso rischio di fuga o violenza. Le prigioni di minima sicurezza, spesso chiamate anche case di detenzione o centri di reinserimento, offrono programmi intensivi di riabilitazione e permettono maggiori libertà di movimento.

o **Prigioni per Donne**: Strutture specializzate per detenute, che tengono conto delle esigenze specifiche delle donne, inclusi programmi di supporto per madri e servizi di salute riproduttiva.

o **Prigioni Giovanili**: Destinate ai minorenni, queste strutture si concentrano su programmi educativi e di riabilitazione, con l'obiettivo di reintegrare i giovani nella società.

2. **Struttura Interna:**

o **Blocchi di Celle**: Le prigioni sono suddivise in blocchi di celle che ospitano i detenuti. Ogni blocco può avere diverse caratteristiche di sicurezza a seconda del tipo di prigione.

o **Aree Comuni**: Include mense, aree ricreative, biblioteche e spazi per attività religiose. Queste aree sono progettate per promuovere la socializzazione e offrire opportunità di riabilitazione.

o **Unità Mediche**: Le prigioni devono avere strutture mediche per fornire assistenza sanitaria ai detenuti, comprese cure per malattie fisiche e mentali.

o **Aree di Amministrazione**: Uffici per il personale penitenziario, amministrazione della prigione e spazi per il controllo della sicurezza.

Gestione delle Prigioni

1. **Sicurezza e Sorveglianza:**

   o **Misure di Sicurezza**: Le prigioni implementano una serie di misure di sicurezza, tra cui barriere fisiche, sistemi di controllo degli accessi, telecamere di sorveglianza e pattugliamenti regolari da parte del personale penitenziario.

   o **Procedure di Controllo**: Ispezioni regolari delle celle e delle aree comuni per prevenire la contrabbando di armi, droghe e altri oggetti proibiti.

2. **Riabilitazione e Rieducazione:**

   o **Programmi Educativi**: Offrire corsi di alfabetizzazione, istruzione superiore e formazione professionale per aiutare i detenuti a sviluppare competenze utili per il reinserimento nella società.

   o **Consulenza e Supporto Psicologico**: Fornire servizi di consulenza individuale e di gruppo per affrontare problemi di salute mentale, dipendenze e traumi.

   o **Attività Ricreative e Sportive**: Promuovere attività fisiche e creative per migliorare il benessere psicofisico dei detenuti.

3. **Salute e Benessere:**

   o **Assistenza Sanitaria**: Garantire l'accesso a cure mediche adeguate, comprese le cure preventive, le emergenze e il trattamento di condizioni croniche.

   o **Igiene e Nutrizione**: Fornire un ambiente pulito e cibo nutriente per mantenere la salute dei detenuti.

4. **Gestione del Personale:**

   o **Formazione del Personale**: Il personale penitenziario deve essere adeguatamente addestrato in tecniche di gestione dei detenuti, risoluzione dei conflitti e intervento in situazioni di emergenza.

- o **Benessere del Personale**: Garantire il supporto psicologico e il benessere del personale per prevenire il burnout e mantenere un ambiente di lavoro sicuro ed efficiente.

5. **Diritti dei Detenuti**:

- o **Trattamento Umano**: Le prigioni devono rispettare i diritti umani fondamentali dei detenuti, assicurando che siano trattati con dignità e rispetto.

- o **Accesso alla Giustizia**: Garantire che i detenuti abbiano accesso a un'adeguata rappresentanza legale e possano esercitare i loro diritti legali.

Sfide e Riforme

1. **Sovraffollamento**:

- o **Problemi**: Il sovraffollamento delle prigioni è una delle principali sfide a livello globale, che può portare a condizioni di vita inadeguate, tensioni tra detenuti e personale, e difficoltà nell'implementazione dei programmi di riabilitazione.

- o **Soluzioni**: Le riforme possono includere la riduzione delle pene per reati minori, l'espansione delle alternative alla detenzione (come la libertà vigilata e i programmi di riabilitazione comunitaria) e la costruzione di nuove strutture.

2. **Riabilitazione Efficace:**

   o **Problemi**: La mancanza di risorse e personale qualificato può ostacolare l'efficacia dei programmi di riabilitazione.

   o **Soluzioni**: Investire in programmi di formazione per il personale, aumentare i finanziamenti per le iniziative di riabilitazione e collaborare con organizzazioni non governative e comunitarie.

In conclusione, la struttura e la gestione delle prigioni sono elementi critici per il funzionamento efficace dei sistemi penitenziari. Attraverso un approccio equilibrato che combina sicurezza, riabilitazione e rispetto dei diritti umani, è possibile creare un sistema penitenziario che contribuisca alla sicurezza pubblica e al reinserimento positivo dei detenuti nella società.

4. Riforme della Giustizia Penale

Cambiamenti e Miglioramenti nel Sistema Penale

Le riforme della giustizia penale mirano a migliorare l'efficacia, l'equità e l'umanità del sistema penale. Questi cambiamenti sono spesso guidati da una combinazione di ricerca accademica, pressioni sociali, e la necessità di affrontare le sfide emergenti come il sovraffollamento carcerario, le disparità razziali e la recidiva. Le riforme possono coinvolgere diverse aree del sistema penale, inclusi la polizia, i tribunali, le prigioni e i programmi di reinserimento.

Cambiamenti nel Sistema Penale

1. **Riduzione delle Pene per Reati Minori**:

   - **Descrizione**: Molte riforme mirano a ridurre le pene detentive per reati minori, come il possesso di piccole quantità di droghe o reati non violenti. Queste riforme spesso includono l'implementazione di programmi di deviazione e trattamenti alternativi.

   - **Benefici**: Ridurre le pene per reati minori può diminuire il sovraffollamento delle prigioni, permettendo un uso più efficace delle risorse penitenziarie per i criminali più pericolosi. Inoltre, aiuta a ridurre l'impatto negativo delle pene detentive sui trasgressori non violenti e le loro famiglie.

2. **Alternative alla Detenzione**:

   - **Descrizione**: Le riforme possono includere l'espansione delle alternative alla detenzione, come la libertà vigilata, i programmi di trattamento delle dipendenze, e i lavori di pubblica utilità.

   - **Efficacia**: Queste alternative possono essere più efficaci della detenzione nel ridurre la recidiva, fornendo ai trasgressori il supporto necessario per affrontare le cause alla base del loro comportamento criminale.

3. **Riforma della Polizia:**

   o **Descrizione**: Le riforme della polizia possono includere la formazione in de-escalation, la promozione di pratiche di polizia comunitaria e l'uso di tecnologie avanzate per migliorare la trasparenza e la responsabilità.

   o **Impatto**: Migliorare le pratiche di polizia può rafforzare la fiducia del pubblico nelle forze dell'ordine, ridurre gli incidenti di violenza e promuovere un'applicazione della legge più equa.

4. **Riforma dei Tribunali:**

   o **Descrizione**: Le riforme giudiziarie possono includere l'implementazione di tribunali specializzati, come i tribunali per le droghe o i tribunali per i veterani, che forniscono un approccio più mirato e terapeutico per i trasgressori con bisogni specifici.

   o **Benefici**: Questi tribunali specializzati possono migliorare i risultati per i trasgressori, riducendo la recidiva e promuovendo la riabilitazione.

5. **Riforma delle Condizioni Carcerarie**:

   - o **Descrizione**: Migliorare le condizioni nelle prigioni è una componente cruciale delle riforme penitenziarie. Questo può includere l'aumento delle risorse per i programmi di riabilitazione, migliorare l'accesso alla sanità mentale e fisica, e garantire che le condizioni di vita rispettino i diritti umani fondamentali.

   - o **Efficacia**: Migliorare le condizioni carcerarie può ridurre le tensioni tra detenuti e personale, migliorare il benessere dei detenuti e aumentare le loro possibilità di successo nel reinserimento post-rilascio.

6. **Riforma della Giustizia per i Minori**:

   - o **Descrizione**: Le riforme della giustizia per i minori possono includere l'implementazione di programmi di intervento precoce, alternative alla detenzione per i giovani e un maggiore focus sulla riabilitazione piuttosto che sulla punizione.

   - o **Impatto**: Queste riforme possono ridurre la probabilità che i giovani trasgressori diventino criminali adulti, promuovendo il loro sviluppo positivo e l'integrazione sociale.

7. **Abolizione della Pena di Morte:**

   o **Descrizione**: Alcune riforme mirano all'abolizione della pena di morte, sostituendola con pene detentive a vita senza possibilità di libertà condizionale.

   o **Motivazioni**: Gli argomenti a favore dell'abolizione includono preoccupazioni etiche, il rischio di condannare persone innocenti e la mancanza di prove che la pena di morte sia un deterrente efficace contro il crimine.

8. **Decriminalizzazione di Alcuni Reati:**

   o **Descrizione**: Decriminalizzare reati come il possesso di droghe per uso personale o alcuni reati legati al lavoro sessuale può ridurre il carico sul sistema penale e permettere un focus maggiore sui crimini più gravi.

   o **Benefici**: La decriminalizzazione può ridurre il sovraffollamento carcerario e spostare l'approccio dal punitivo al terapeutico e di supporto.

Miglioramenti nel Sistema Penale

1. **Tecnologie Avanzate:**

   o **Implementazione**: L'uso di tecnologie avanzate, come la sorveglianza elettronica, i sistemi di gestione delle case circondariali e le tecniche di analisi predittiva, può migliorare l'efficienza e l'efficacia del sistema penale.

- o **Vantaggi**: Queste tecnologie possono aiutare a monitorare meglio i detenuti, prevenire il crimine e allocare le risorse in modo più efficace.

2. **Formazione Continua per il Personale**:

- o **Descrizione**: Investire nella formazione continua per i membri delle forze dell'ordine, i giudici, gli avvocati e il personale penitenziario è cruciale per mantenere aggiornate le competenze e le conoscenze.

- o **Efficacia**: La formazione regolare può migliorare la professionalità, ridurre gli errori e promuovere pratiche più giuste e umane.

3. **Coinvolgimento della Comunità**:

- o **Descrizione**: Promuovere il coinvolgimento della comunità nelle politiche e nelle pratiche del sistema penale può aumentare la trasparenza e la responsabilità.

- o **Benefici**: Un maggiore coinvolgimento della comunità può portare a un sistema di giustizia più equo e rispondente ai bisogni delle persone che serve.

4. **Politiche di Reinserimento Sociale:**

   o **Descrizione**: Sviluppare politiche che supportino il reinserimento sociale dei detenuti, come programmi di formazione professionale, assistenza abitativa e supporto psicologico post-rilascio.

   o **Impatto**: Queste politiche possono ridurre la recidiva e aumentare le possibilità di successo dei detenuti nel reinserimento nella società.

In sintesi, le riforme della giustizia penale sono essenziali per affrontare le sfide del sistema e promuovere una giustizia più equa, efficace e umana. Attraverso cambiamenti mirati e miglioramenti continui, è possibile creare un sistema che non solo punisca i crimini, ma anche riabiliti i trasgressori e protegga i diritti di tutti i cittadini.

Capitolo 7
Criminalità Organizzata e Cybercrime

1. Caratteristiche della Criminalità Organizzata

Struttura e Operazioni delle Organizzazioni Criminali

La criminalità organizzata rappresenta una delle minacce più persistenti e complesse per la sicurezza globale. Le organizzazioni criminali operano su vasta scala e utilizzano strutture sofisticate per gestire le loro attività illegali. La comprensione della loro struttura e delle loro operazioni è fondamentale per sviluppare strategie efficaci di contrasto.

Struttura delle Organizzazioni Criminali

1. **Gerarchia e Comando:**

   o **Vertice:** Al vertice delle organizzazioni criminali si trova un leader o un piccolo gruppo dirigente che prende le decisioni strategiche. Questo può includere il capo dell'organizzazione (boss), consiglieri e capi di divisione.

   o **Secondo Livello:** Subito sotto il vertice ci sono i luogotenenti o i capi di settore che supervisionano specifiche aree operative. Questi individui sono responsabili dell'implementazione delle direttive del vertice e del controllo delle operazioni quotidiane.

o **Operativi di Base**: Gli esecutori e i membri di livello inferiore dell'organizzazione svolgono le attività operative quotidiane, come l'estorsione, il traffico di droga, il riciclaggio di denaro e altre attività criminali. Questi membri sono spesso meno conosciuti alle autorità, ma sono essenziali per le operazioni dell'organizzazione.

2. **Reti e Collaborazioni**:

   o **Affiliazioni e Alleanze**: Le organizzazioni criminali spesso formano alleanze con altre bande e gruppi per espandere il loro potere e la loro influenza. Queste alleanze possono essere stabili o temporanee, basate su interessi comuni o necessità tattiche.

   o **Corruzione e Infiltrazione**: Molte organizzazioni criminali cercano di infiltrarsi in istituzioni legali, come le forze dell'ordine, i governi locali e le imprese legittime, utilizzando la corruzione per proteggere e facilitare le loro attività.

Operazioni delle Organizzazioni Criminali

1. **Attività Illegali**:

   o **Traffico di Droga**: Il traffico di droga è una delle principali fonti di reddito per molte organizzazioni criminali. Queste operazioni coinvolgono la produzione, il trasporto e la distribuzione di sostanze illegali su scala globale.

o **Riciclaggio di Denaro**: Il riciclaggio di denaro è il processo di trasformazione dei proventi delle attività criminali in fondi apparentemente legittimi. Le organizzazioni criminali utilizzano una varietà di metodi, inclusi conti offshore, imprese di facciata e investimenti immobiliari.

o **Estorsione e Usura**: L'estorsione e l'usura sono metodi comuni utilizzati per generare reddito e mantenere il controllo sulle comunità. Le organizzazioni criminali utilizzano minacce di violenza per estorcere denaro o prestare denaro a tassi di interesse esorbitanti.

o **Traffico di Armi**: Il commercio illegale di armi è un'altra attività redditizia che permette alle organizzazioni criminali di armare i propri membri e altre bande criminali.

2. **Attività Legali e Paralegali:**

o **Imprese di Facciata**: Le organizzazioni criminali spesso utilizzano imprese legittime come copertura per le loro operazioni illegali. Queste imprese possono includere ristoranti, negozi di auto, agenzie di viaggio e altro.

- o **Investimenti e Appalti Pubblici**: Alcune organizzazioni criminali si infiltrano nel settore degli appalti pubblici, manipolando gare d'appalto e ottenendo contratti lucrativi attraverso la corruzione e l'intimidazione.

3. **Strategie di Evitamento e Difesa**:

- o **Tecniche di Sicurezza**: Le organizzazioni criminali implementano sofisticate tecniche di sicurezza per evitare la cattura, inclusi l'uso di comunicazioni criptate, il cambio frequente di luoghi di incontro e l'eliminazione fisica di minacce interne.

- o **Reti di Informatori**: Spesso, le organizzazioni criminali mantengono reti di informatori all'interno delle forze dell'ordine e di altre agenzie governative per ottenere informazioni riservate e anticipare le azioni legali contro di loro.

4. **Operazioni Transnazionali**:

- o **Globalizzazione delle Attività Criminali**: Le organizzazioni criminali moderne operano su scala globale, utilizzando la globalizzazione e la tecnologia per espandere le loro operazioni oltre i confini nazionali. Questo include il traffico di esseri umani, il commercio di fauna selvatica e il cybercrime.

- o **Cooperazione Internazionale**: Le organizzazioni criminali spesso cooperano con gruppi criminali in altri paesi, scambiando merci, servizi e conoscenze tecniche per rafforzare la loro posizione globale.

Impatto e Risposte

- **Impatto Sociale ed Economico**:

  - o **Violenza e Corruzione**: La presenza di organizzazioni criminali aumenta i livelli di violenza e corruzione in una società, minando la fiducia nelle istituzioni e destabilizzando le comunità.

  - o **Erosione dell'Economia Legittima**: Le attività delle organizzazioni criminali possono distorcere i mercati, danneggiare le imprese legittime e causare perdite significative di entrate fiscali.

- **Strategie di Contrasto**:

  - o **Cooperazione Internazionale**: Per combattere efficacemente la criminalità organizzata, è essenziale una cooperazione internazionale tra le forze dell'ordine, le agenzie di intelligence e le autorità giudiziarie.

o **Legislazione e Politiche**: I governi devono sviluppare e implementare leggi e politiche che affrontino specificamente le sfide poste dalla criminalità organizzata, comprese leggi contro il riciclaggio di denaro, misure di protezione dei testimoni e programmi di prevenzione.

o **Tecnologia e Innovazione**: L'uso di tecnologie avanzate, come l'analisi dei big data, la sorveglianza elettronica e la crittografia, può migliorare le capacità delle forze dell'ordine di rilevare, prevenire e perseguire le attività delle organizzazioni criminali.

- In sintesi, le organizzazioni criminali rappresentano una minaccia complessa e articolata che richiede risposte altrettanto complesse e coordinate. Comprendere la loro struttura e le loro operazioni è essenziale per sviluppare strategie efficaci di contrasto e proteggere la società dai loro effetti deleteri.

2. Operazioni delle Mafie e dei Cartelli

Studio di Casi Specifici di Organizzazioni Criminali

Le mafie e i cartelli sono organizzazioni criminali complesse e potenti che operano a livello globale. Queste organizzazioni sono coinvolte in una vasta gamma di attività illegali, che vanno dal traffico di droga e armi alla tratta di esseri umani, estorsione e riciclaggio di denaro. Per comprendere meglio le loro operazioni, è utile studiare casi specifici di organizzazioni criminali famose come la mafia italiana e i cartelli della droga messicani.

1. **La Mafia Italiana:**

   o **Cosa Nostra**: Originaria della Sicilia, Cosa Nostra è una delle organizzazioni mafiose più famose e potenti. È strutturata in cosche, ciascuna guidata da un capo, e ha un codice di comportamento molto rigido. Le sue attività principali includono l'estorsione, il traffico di droga e armi, il controllo di appalti pubblici e il riciclaggio di denaro.

   o **'Ndrangheta**: Basata in Calabria, la 'Ndrangheta è oggi considerata una delle organizzazioni criminali più ricche e potenti del mondo. Ha una struttura familiare molto chiusa e si occupa principalmente del traffico internazionale di droga, ma anche di estorsione, usura e riciclaggio di denaro.

2. **Cartelli della Droga Messicani:**

   o **Cartello di Sinaloa**: Fondato da Joaquín "El Chapo" Guzmán, il Cartello di Sinaloa è noto per il suo controllo del traffico di droga dal Messico verso gli Stati Uniti. È altamente organizzato e utilizza metodi sofisticati per il trasporto e la distribuzione della droga, tra cui tunnel sotterranei e sottomarini artigianali.

o **Cartello di Jalisco Nueva Generación (CJNG)**: Emerse come una delle principali minacce criminali in Messico, il CJNG è noto per la sua violenza estrema e la capacità di operare in diverse parti del mondo. Il cartello è coinvolto in traffico di droga, estorsione e altre attività illegali.

3. Tecniche Utilizzate nel Crimine Informatico

Metodi e Strumenti del Cybercrime

Il crimine informatico rappresenta una delle sfide più significative per la sicurezza globale nel XXI secolo. I criminali informatici utilizzano una varietà di tecniche e strumenti per compromettere la sicurezza dei sistemi informatici, rubare informazioni sensibili e perpetrate altre forme di attacchi online.

1. **Phishing**:

   o **Descrizione**: Il phishing è una tecnica di ingegneria sociale in cui i criminali inviano e-mail o messaggi falsi per indurre le vittime a rivelare informazioni personali come nomi utente, password e dettagli finanziari.

   o **Esempi**: Le e-mail di phishing spesso sembrano provenire da istituzioni legittime come banche o servizi online, chiedendo alle vittime di "verificare" le loro informazioni cliccando su un link fraudolento.

2. **Malware:**

   o **Tipi di Malware**: Include virus, worm, trojan, ransomware e spyware. Ogni tipo di malware ha un modo specifico di infettare i sistemi e causare danni.

   o **Metodi di Diffusione**: Il malware può essere distribuito attraverso e-mail, download di file infetti, siti web compromessi e dispositivi USB.

3. **Ransomware:**

   o **Descrizione**: Il ransomware è un tipo di malware che cripta i file di una vittima e richiede un riscatto per decriptarli. È diventato una delle minacce informatiche più gravi.

   o **Esempi**: NotPetya e WannaCry sono due esempi noti di ransomware che hanno causato danni significativi a livello globale.

4. **Attacchi DDoS (Distributed Denial of Service):**

   o **Descrizione**: Gli attacchi DDoS mirano a rendere un servizio online non disponibile sovraccaricandolo di traffico proveniente da molteplici fonti. Questo tipo di attacco può paralizzare siti web e servizi online.

o **Strumenti**: I botnet, reti di computer infetti controllati da remoto, sono spesso utilizzati per lanciare attacchi DDoS.

5. **Iniezione SQL**:

o **Descrizione**: È una tecnica di attacco che sfrutta le vulnerabilità nei database SQL per eseguire comandi malevoli. Questo può portare alla divulgazione non autorizzata di informazioni sensibili.

o **Esempi**: Gli attacchi di iniezione SQL possono compromettere le credenziali degli utenti e altre informazioni riservate conservate nei database.

4. Strategie per Contrastare la Criminalità Organizzata e il Cybercrime

Misure di Prevenzione e Risposta

Affrontare la criminalità organizzata e il cybercrime richiede un approccio multidisciplinare che combina leggi rigide, cooperazione internazionale, tecnologie avanzate e programmi di prevenzione.

1. **Cooperazione Internazionale**:

o **Descrizione**: La collaborazione tra diverse nazioni e agenzie è essenziale per combattere la criminalità organizzata e il cybercrime, poiché queste attività spesso attraversano confini nazionali.

o **Esempi**: Operazioni congiunte tra Interpol, Europol e le forze dell'ordine nazionali hanno portato allo smantellamento di reti criminali internazionali e alla cattura di criminali informatici.

2. **Legislazione e Regolamenti**:

   o **Leggi Antimafia**: Implementare leggi specifiche contro la criminalità organizzata, come la confisca dei beni e le pene severe per i reati mafiosi.

   o **Leggi sul Cybercrime**: Aggiornare e rafforzare le leggi contro il crimine informatico per includere nuove minacce e tecniche, garantendo che le pene siano adeguate alla gravità dei crimini.

3. **Tecnologie Avanzate**:

   o **Sorveglianza e Monitoraggio**: Utilizzare tecnologie di sorveglianza avanzate per monitorare le attività delle organizzazioni criminali e identificare potenziali minacce informatiche.

   o **Intelligenza Artificiale e Big Data**: Implementare strumenti di intelligenza artificiale e analisi dei big data per rilevare modelli di comportamento criminale e prevenire attacchi informatici.

4. **Educazione e Sensibilizzazione:**

   o **Formazione delle Forze dell'Ordine**: Addestrare le forze dell'ordine su nuove tecniche di investigazione e contrasto della criminalità organizzata e del cybercrime.

   o **Campagne di Sensibilizzazione Pubblica**: Educare il pubblico sui rischi associati alla criminalità organizzata e al cybercrime, fornendo consigli su come proteggersi.

5. **Programmi di Prevenzione e Intervento:**

   o **Intervento nelle Scuole e nelle Comunità**: Implementare programmi di prevenzione nelle scuole e nelle comunità per ridurre il rischio di reclutamento da parte delle organizzazioni criminali e sensibilizzare sui pericoli del cybercrime.

   o **Supporto alle Vittime**: Offrire supporto legale e psicologico alle vittime della criminalità organizzata e del cybercrime per aiutarle a riprendersi e prevenire ulteriori abusi.

6. **Collaborazione Pubblico-Privato:**

   o **Partnership con le Aziende**: Collaborare con aziende private per sviluppare tecnologie di sicurezza informatica e condividere informazioni sulle minacce emergenti.

o **Iniziative di Responsabilità Sociale**: Incoraggiare le imprese a impegnarsi in iniziative di responsabilità sociale che supportino la prevenzione del crimine e il supporto alle comunità colpite.

In sintesi, la lotta contro la criminalità organizzata e il cybercrime richiede un impegno coordinato e multidisciplinare. Attraverso la cooperazione internazionale, l'implementazione di tecnologie avanzate, la sensibilizzazione pubblica e leggi adeguate, è possibile sviluppare strategie efficaci per prevenire e contrastare queste minacce complesse

Capitolo 8
Criminologia Forense

Tecniche di Analisi delle Prove

Metodi scientifici utilizzati nelle indagini

La criminologia forense si avvale di una vasta gamma di tecniche scientifiche per analizzare le prove raccolte durante le indagini criminali. Questi metodi sono cruciali per identificare i colpevoli, ricostruire gli eventi e presentare prove affidabili in tribunale. Di seguito, vengono esaminati alcuni dei principali metodi scientifici utilizzati nelle indagini forensi.

1. Analisi del DNA

L'analisi del DNA è una delle tecniche più potenti e riconosciute nella criminologia forense. Il DNA, o acido desossiribonucleico, contiene informazioni genetiche uniche per ogni individuo, con l'eccezione dei gemelli monozigoti. I campioni di DNA possono essere raccolti da sangue, saliva, capelli, pelle e altri tessuti biologici. Le tecniche di estrazione e amplificazione del DNA, come la reazione a catena della polimerasi (PCR), permettono di ottenere profili genetici dettagliati che possono essere confrontati con quelli presenti nei database criminali o con i campioni prelevati da sospetti.

2. Analisi delle impronte digitali

Le impronte digitali sono un altro metodo fondamentale utilizzato nelle indagini forensi. Ogni individuo ha un insieme unico di impronte digitali, che possono essere raccolte da scene del crimine tramite polvere per impronte o soluzioni chimiche. Le impronte digitali latenti, spesso invisibili ad occhio nudo, possono essere rivelate e confrontate con quelle nei database o con quelle dei sospetti. La comparazione viene effettuata utilizzando software di riconoscimento automatico o tramite esaminatori esperti.

3. Balistica forense

La balistica forense riguarda lo studio dei proiettili e delle armi da fuoco. Gli esperti in balistica possono determinare la traiettoria di un proiettile, il tipo di arma utilizzata, e persino il punto di origine di uno sparo. Le caratteristiche uniche di un'arma, come le rigature della canna, lasciano segni distintivi sui proiettili, permettendo agli investigatori di collegare un proiettile specifico a un'arma particolare.

4. Analisi delle tracce

Le tracce, che includono fibre, vernici, vetro e terriccio, possono fornire indizi significativi su un crimine. Ad esempio, le fibre trovate sulla scena di un crimine possono essere confrontate con quelle degli abiti dei sospetti. Allo stesso modo, le particelle di vernice o di vetro possono essere analizzate per determinare la loro origine. Le tecniche utilizzate includono la microscopia ottica e elettronica, la spettroscopia e la cromatografia.

5. Analisi tossicologica

L'analisi tossicologica è fondamentale per determinare la presenza di droghe, alcol o altre sostanze tossiche nel corpo di una vittima o di un sospetto. I campioni di sangue, urina o tessuti vengono analizzati utilizzando tecniche come la spettrometria di massa e la cromatografia liquida o gassosa. Questa analisi può aiutare a stabilire cause di morte, avvelenamenti o stati di alterazione psicofisica durante la commissione di un reato.

6. Analisi delle impronte digitali sul terreno

Questa tecnica si concentra sull'esame delle impronte di calzature, pneumatici o altri segni lasciati sul terreno. Le impronte possono rivelare informazioni sul movimento dei sospetti e possono essere confrontate con scarpe o veicoli sospetti. La documentazione accurata delle impronte, inclusa la fotografia e il calco, è essenziale per una corretta analisi.

7. Analisi delle scritture e dei documenti

L'esame delle scritture e dei documenti può determinare l'autenticità e la paternità di manoscritti, firme o altri documenti contestati. Gli esperti confrontano le caratteristiche delle scritture, come la pressione, la velocità e lo stile, utilizzando sia metodi ottici che analisi chimiche dell'inchiostro e del supporto cartaceo.

8. Analisi digitale e informatica forense

Con la crescente dipendenza dalla tecnologia, l'informatica forense è diventata cruciale nelle indagini criminali. Questa disciplina si occupa dell'estrazione e analisi di dati da computer, smartphone, e altri dispositivi elettronici. Le tecniche includono il recupero di file cancellati, l'analisi delle attività di rete e la decrittazione di dati protetti.

Questi metodi scientifici non solo forniscono prove cruciali per risolvere i crimini, ma contribuiscono anche a garantire che la giustizia sia servita in modo equo e accurato. L'evoluzione continua della tecnologia e delle metodologie scientifiche promette di migliorare ulteriormente l'efficacia delle indagini forensi in futuro.

Ruolo delle Scienze Forensi nella Risoluzione dei Crimini

Contributi delle diverse discipline forensi

Le scienze forensi giocano un ruolo fondamentale nella risoluzione dei crimini, fornendo strumenti e metodologie scientifiche che permettono di analizzare le prove in modo accurato e affidabile. Le diverse discipline forensi contribuiscono ciascuna con le proprie specificità, collaborando per fornire un quadro completo delle circostanze e delle dinamiche criminali. Di seguito vengono esaminati i contributi principali delle diverse discipline forensi nella risoluzione dei crimini.

1. Biologia Forense

La biologia forense, in particolare attraverso l'analisi del DNA, ha rivoluzionato l'identificazione dei criminali e l'assoluzione degli innocenti. Campioni biologici come sangue, saliva, capelli e tessuti possono essere analizzati per ottenere profili genetici unici. Questi profili sono utilizzati per identificare sospetti, collegare diversi crimini tra loro e verificare le alibi dei sospetti. La biologia forense non si limita al DNA; include anche l'analisi di insetti (entomologia forense) per determinare i tempi di morte e l'esame di resti scheletrici per identificare vittime e cause di morte.

2. Chimica Forense

La chimica forense è essenziale per l'analisi di sostanze non biologiche trovate sulla scena del crimine. Questa disciplina esamina droghe, esplosivi, vernici, fibre, e altri materiali per determinarne la composizione e l'origine. Tecniche come la cromatografia e la spettrometria di massa permettono di identificare le sostanze con grande precisione, fornendo informazioni cruciali per collegare prove fisiche a persone, luoghi e oggetti.

3. Tossicologia Forense

La tossicologia forense si occupa dello studio di sostanze tossiche e dei loro effetti sul corpo umano. Questo è particolarmente importante nei casi di avvelenamento, overdose di droghe e guida sotto l'influenza di sostanze. Analizzando campioni di sangue, urine, tessuti e altri fluidi corporei, i tossicologi possono determinare la presenza e la concentrazione di sostanze tossiche, contribuendo a stabilire la causa della morte o lo stato psicofisico di un individuo al momento del crimine.

4. Balistica Forense

La balistica forense studia le armi da fuoco e le munizioni utilizzate nei crimini. Gli esperti in balistica possono determinare il tipo di arma utilizzata, la distanza e la traiettoria degli spari, e collegare proiettili specifici a armi particolari. L'analisi dei residui di sparo può anche indicare se una persona ha sparato un'arma recentemente. Queste informazioni sono fondamentali per ricostruire gli eventi in caso di sparatorie e omicidi.

5. Patologia Forense

La patologia forense si concentra sull'esame dei cadaveri per determinare la causa e le circostanze della morte. Attraverso autopsie e analisi post-mortem, i patologi forensi possono rilevare segni di violenza, malattie, avvelenamenti e altre condizioni che hanno contribuito alla morte. Le loro conclusioni sono spesso cruciali per stabilire se una morte è stata accidentale, naturale, suicida o omicida.

6. Odontologia Forense

L'odontologia forense utilizza l'analisi dei denti e delle arcate dentarie per identificare vittime quando altri metodi di identificazione non sono possibili. I denti sono estremamente resistenti e possono sopravvivere anche in condizioni estreme. Gli odontologi forensi confrontano i registri dentali con i resti trovati per confermare l'identità delle vittime. Inoltre, possono analizzare morsi per determinare l'identità degli aggressori in caso di aggressioni violente.

7. Informatica Forense

Con l'aumento dei crimini informatici, l'informatica forense è diventata una componente cruciale delle indagini criminali. Gli esperti di informatica forense analizzano computer, smartphone e altri dispositivi elettronici per recuperare dati cancellati, tracciare attività online, e scoprire prove digitali. Questa disciplina è fondamentale per indagare su frodi, hacking, pornografia infantile, e altre attività criminali che coinvolgono la tecnologia.

8. Psicologia Forense

La psicologia forense contribuisce alla risoluzione dei crimini attraverso la valutazione del comportamento criminale, la profilazione dei criminali e l'analisi delle dichiarazioni dei testimoni. I psicologi forensi aiutano a comprendere le motivazioni dietro i crimini, identificare possibili sospetti e valutare la credibilità dei testimoni. Inoltre, forniscono supporto durante gli interrogatori e le negoziazioni di ostaggi.

9. Antropologia Forense

L'antropologia forense si occupa dell'identificazione di resti umani scheletrici. Gli antropologi forensi possono determinare l'età, il sesso, l'etnia, e altre caratteristiche fisiche di un individuo basandosi sui resti ossei. Possono anche ricostruire volti e stimare il tempo trascorso dalla morte. Queste analisi sono particolarmente utili in casi di resti non identificati e di morti avvenute in tempi remoti.

10. Esami delle impronte e delle tracce

L'analisi delle impronte digitali, delle calzature e dei pneumatici, così come altre tracce, è essenziale per collegare i sospetti alle scene del crimine. Le impronte digitali forniscono identificazioni univoche, mentre le impronte di calzature e pneumatici possono indicare movimenti e presenze sulla scena del crimine. Queste prove possono essere cruciali per corroborare testimonianze e ricostruire gli eventi.

Le scienze forensi, con le loro molteplici discipline, offrono un arsenale di strumenti scientifici che, se utilizzati correttamente, possono fornire prove inconfutabili per risolvere i crimini e garantire che giustizia sia fatta. La collaborazione tra esperti di diverse aree forensi è essenziale per una comprensione completa e accurata dei fatti, contribuendo in modo significativo alla sicurezza e alla giustizia nella società.

Preparazione e Presentazione della Testimonianza Esperta

Processo di preparazione e presentazione in tribunale

La testimonianza esperta svolge un ruolo cruciale nei procedimenti giudiziari, fornendo al tribunale un'analisi tecnica e specialistica delle prove presentate. Gli esperti forensi devono seguire un rigoroso processo di preparazione e presentazione per garantire che la loro testimonianza sia chiara, accurata e convincente. Di seguito vengono delineati i principali passaggi di questo processo.

1. Selezione dell'esperto

La selezione dell'esperto è il primo passo fondamentale. L'esperto deve possedere una solida formazione accademica, una vasta esperienza pratica e, preferibilmente, certificazioni riconosciute nel proprio campo. Inoltre, l'esperto deve avere una reputazione di imparzialità e integrità. La credibilità dell'esperto è essenziale per il peso della testimonianza in tribunale.

2. Revisione e analisi delle prove

Una volta selezionato, l'esperto deve effettuare una revisione approfondita di tutte le prove pertinenti al caso. Questo può includere esami di rapporti forensi, campioni fisici, fotografie, e qualsiasi altra documentazione rilevante. L'esperto deve applicare le proprie conoscenze e competenze per analizzare le prove in modo indipendente e obiettivo.

3. Preparazione del rapporto peritale

Dopo l'analisi delle prove, l'esperto prepara un rapporto peritale dettagliato. Questo documento deve contenere:

- Una descrizione chiara delle prove analizzate.

- Le metodologie utilizzate per l'analisi.

- I risultati ottenuti.

- Le conclusioni tratte in base ai risultati.

Il rapporto deve essere scritto in un linguaggio chiaro e comprensibile, evitando termini tecnici non spiegati, per garantire che tutte le parti coinvolte possano comprenderne il contenuto. Inoltre, deve essere strutturato in modo logico e coerente, facilitando la lettura e la consultazione durante il processo.

4. Preparazione alla testimonianza in tribunale

Prima di presentare la testimonianza in tribunale, l'esperto deve prepararsi meticolosamente. Questa fase include:

- **Revisione del rapporto**: L'esperto deve essere completamente familiare con ogni dettaglio del proprio rapporto e con tutte le prove correlate.

- **Simulazioni di testimonianza**: Spesso, gli avvocati conducono sessioni di prova in cui l'esperto risponde a domande simulate, sia dal proprio legale che dall'avvocato della controparte. Questo aiuta l'esperto a prepararsi per il tipo di domande e di tecniche che potrebbero essere utilizzate per metterne in discussione la credibilità o le conclusioni.

- **Preparazione mentale**: L'esperto deve essere pronto a mantenere la calma e la compostezza sotto pressione, rispondendo in modo chiaro e conciso, senza lasciarsi intimidire dalle domande incalzanti degli avvocati.

5. Presentazione della testimonianza in tribunale

Durante il processo, l'esperto è chiamato a presentare la propria testimonianza. Questa fase si articola generalmente in diverse fasi:

- **Esame diretto**: L'avvocato che ha chiamato l'esperto conduce l'esame diretto, durante il quale l'esperto spiega le proprie qualifiche, descrive il processo di analisi delle prove e presenta le conclusioni del proprio rapporto. È fondamentale che l'esperto comunichi in modo chiaro e accessibile, rendendo comprensibili anche i concetti più complessi.

- **Controinterrogatorio**: Dopo l'esame diretto, l'avvocato della controparte ha l'opportunità di controinterrogare l'esperto. L'obiettivo del controinterrogatorio è spesso quello di mettere in discussione la credibilità dell'esperto o di evidenziare eventuali lacune nel suo rapporto. L'esperto deve rispondere alle domande in modo preciso e mantenere un atteggiamento professionale.

- **Riesame**: Dopo il controinterrogatorio, l'avvocato che ha chiamato l'esperto può condurre un riesame per chiarire eventuali punti sollevati durante il controinterrogatorio.

6. Comportamento e comunicazione

L'esperto deve mantenere un comportamento professionale e rispettoso durante tutta la testimonianza. È essenziale evitare di mostrare bias o parzialità e rispondere alle domande in modo onesto e diretto. La comunicazione non verbale, come il linguaggio del corpo e il contatto visivo, è altrettanto importante per trasmettere fiducia e credibilità.

7. Presentazione visiva delle prove

Spesso, l'esperto utilizza presentazioni visive per illustrare le proprie analisi e conclusioni. Questi possono includere grafici, tabelle, fotografie e video. Le presentazioni visive devono essere chiare, ben organizzate e rilevanti, aiutando il giudice e la giuria a comprendere meglio le prove presentate.

8. Conclusione della testimonianza

Al termine della testimonianza, l'esperto potrebbe essere congedato o potrebbe dover rimanere disponibile per ulteriori domande. È importante che l'esperto rimanga disponibile e collaborativo fino alla conclusione del processo.

La preparazione e la presentazione della testimonianza esperta richiedono un impegno significativo e un'attenzione ai dettagli. Una testimonianza ben preparata e presentata può fare la differenza tra una condanna e un'assoluzione, contribuendo in modo determinante alla giustizia.

Importanza della Criminologia Forense nel Sistema Giudiziario

Impatti e rilevanza delle prove forensi nei processi

La criminologia forense riveste un ruolo di primaria importanza nel sistema giudiziario moderno. Le prove forensi, derivanti dall'applicazione di tecniche scientifiche all'analisi delle prove raccolte durante le indagini criminali, hanno un impatto significativo sui processi giudiziari. Di seguito vengono esplorati gli impatti e la rilevanza delle prove forensi nei processi penali.

1. Validità scientifica delle prove

Uno dei principali vantaggi delle prove forensi è la loro base scientifica. Le tecniche forensi, come l'analisi del DNA, la balistica e la tossicologia, si basano su principi scientifici consolidati e metodi rigorosi. Questa validità scientifica conferisce alle prove forensi un alto grado di affidabilità, rendendole fondamentali per l'accertamento della verità nei processi giudiziari. I tribunali, riconoscendo l'importanza di queste prove, tendono a considerarle con grande serietà nelle loro deliberazioni.

2. Identificazione e condanna dei colpevoli

Le prove forensi giocano un ruolo cruciale nell'identificazione e nella condanna dei colpevoli. Ad esempio, l'analisi del DNA può collegare un sospetto alla scena del crimine con un alto grado di certezza, mentre le impronte digitali possono confermare la presenza di un individuo. Queste prove concrete e oggettive possono essere decisive per ottenere condanne, specialmente in casi in cui le testimonianze oculari o le confessioni possono essere inaffidabili o contraddittorie.

3. Assoluzione degli innocenti

Le prove forensi non sono solo utili per condannare i colpevoli, ma anche per assollevare gli innocenti. In numerosi casi, l'analisi forense ha portato alla revisione delle condanne di persone ingiustamente incarcerate. Ad esempio, nuovi test del DNA hanno portato alla liberazione di individui che erano stati erroneamente condannati per crimini che non avevano commesso. Questo aspetto delle prove forensi è fondamentale per garantire che la giustizia sia equa e accurata.

4. Ricostruzione degli eventi

Le discipline forensi, come la balistica, l'analisi delle tracce e la patologia forense, aiutano a ricostruire gli eventi di un crimine. Gli esperti forensi possono determinare la sequenza degli eventi, l'arma utilizzata, la posizione delle vittime e dei sospetti, e altri dettagli cruciali. Queste ricostruzioni possono fornire al tribunale un quadro chiaro e dettagliato di come si è svolto il crimine, aiutando giudici e giurie a comprendere meglio le circostanze del caso.

5. Corroborazione delle testimonianze

Le prove forensi possono corroborare o smentire le testimonianze fornite dai testimoni. Ad esempio, se un testimone afferma di aver visto il sospetto in un determinato luogo, le prove forensi possono confermare o contraddire questa dichiarazione. Questo aiuta a stabilire la credibilità dei testimoni e a garantire che le decisioni del tribunale si basino su prove concrete piuttosto che su affermazioni non verificate.

6. Efficacia investigativa

L'integrazione delle tecniche forensi nelle indagini criminali aumenta l'efficacia investigativa delle forze dell'ordine. Le analisi forensi possono fornire piste investigative che altrimenti potrebbero non essere evidenti, aiutando gli investigatori a identificare sospetti, determinare motivi e scoprire nuove prove. Questo approccio scientifico alle indagini rende il processo investigativo più metodico e completo.

7. Impatto sulla giuria e sui giudici

Le prove forensi hanno un impatto significativo sulla percezione della giuria e dei giudici. La presentazione di prove scientifiche dettagliate e ben documentate può influenzare in modo positivo la percezione della credibilità e della solidità del caso presentato dall'accusa o dalla difesa. Le giurie, in particolare, tendono a considerare le prove forensi come altamente persuasive, il che può influenzare l'esito dei processi.

8. Innovazione e miglioramento continuo

Il campo della criminologia forense è in continua evoluzione, con nuove tecniche e tecnologie che vengono sviluppate costantemente.

Questo miglioramento continuo aumenta la capacità del sistema giudiziario di risolvere crimini complessi e di garantire che le prove presentate siano sempre più accurate e affidabili. L'adozione di tecnologie innovative, come l'analisi del DNA di terza generazione o l'intelligenza artificiale applicata alla forense digitale, promette di migliorare ulteriormente l'efficacia delle indagini e delle procedure giudiziarie.

9. Deterrenza del crimine

La consapevolezza che le tecniche forensi possono identificare i colpevoli con un alto grado di certezza funge da deterrente per i potenziali criminali. Sapere che anche il più piccolo errore può lasciare tracce che possono essere analizzate scientificamente aumenta il rischio percepito di essere catturati e condannati, contribuendo così alla prevenzione del crimine.

10. Trasparenza e giustizia

Infine, l'uso delle prove forensi promuove la trasparenza e l'equità nel sistema giudiziario. Le prove scientifiche sono oggettive e meno suscettibili a manipolazioni rispetto alle testimonianze umane. Questo aiuta a garantire che le decisioni giudiziarie siano basate su fatti concreti piuttosto che su pregiudizi o supposizioni, contribuendo a un sistema giudiziario più giusto e trasparente.

In conclusione, la criminologia forense è di fondamentale importanza nel sistema giudiziario, offrendo strumenti scientifici che migliorano la precisione e l'affidabilità delle indagini e dei processi giudiziari. Le prove forensi non solo aiutano a identificare e condannare i colpevoli, ma anche a proteggere gli innocenti, garantendo che la giustizia sia servita in modo equo e accurato.

Capitolo 9
Conclusioni e Prospettive Future

Sintesi dei Principali Argomenti Trattati

Riepilogo delle tematiche principali

Nel corso di questo libro, sono stati esplorati i molteplici aspetti della criminologia, con un'attenzione particolare alle sue applicazioni pratiche e alle metodologie scientifiche impiegate. Di seguito, viene fornita una sintesi dei principali argomenti trattati nei vari capitoli.

Capitolo 1: Introduzione alla Criminologia Questo capitolo ha fornito una panoramica generale della criminologia come disciplina, esplorando le sue origini storiche, le principali teorie criminologiche e l'evoluzione del pensiero criminologico. Sono state analizzate le diverse scuole di pensiero, tra cui il positivismo, la teoria del conflitto e la criminologia critica, evidenziando come ciascuna di esse abbia contribuito a formare la nostra comprensione del crimine e del comportamento criminale.

Capitolo 2: Teorie del Crimine In questo capitolo, sono state approfondite le principali teorie del crimine, tra cui le teorie biologiche, psicologiche e sociologiche. È stato esaminato come questi approcci tentino di spiegare le cause del comportamento criminale e come le diverse teorie possano essere integrate per fornire una visione più completa del fenomeno criminale.

Capitolo 3: Sociologia del Crimine Questo capitolo ha esplorato l'impatto delle strutture sociali e delle dinamiche di gruppo sul comportamento criminale. Sono stati analizzati concetti come la devianza, l'anomia, il controllo sociale e le subculture criminali, evidenziando come le interazioni sociali e le condizioni ambientali influenzino la propensione al crimine.

Capitolo 4: Psicologia Criminale La psicologia criminale è stata trattata in dettaglio, con un'analisi delle caratteristiche psicologiche e dei disturbi mentali associati al comportamento criminale. È stata esaminata la psicopatia, i disturbi della personalità e le dinamiche psicologiche che portano alla criminalità, inclusi i processi di socializzazione e apprendimento.

Capitolo 5: Sistemi di Giustizia Penale Questo capitolo ha fornito una panoramica dei vari sistemi di giustizia penale, esaminando il ruolo della polizia, dei tribunali e delle istituzioni carcerarie. Sono state analizzate le politiche di prevenzione del crimine, le procedure legali e le sfide che affrontano i sistemi di giustizia penale contemporanei.

Capitolo 6: Criminalità Organizzata La criminalità organizzata è stata esplorata attraverso l'analisi delle sue caratteristiche, delle strutture e delle attività illecite. Sono stati esaminati fenomeni come la mafia, i cartelli della droga e altre organizzazioni criminali transnazionali, nonché le strategie di contrasto adottate dai governi e dalle agenzie internazionali.

Capitolo 7: Cybercrime Questo capitolo ha trattato il crescente fenomeno del cybercrime, esaminando le diverse tipologie di crimini informatici, le tecniche utilizzate dai criminali e le misure di sicurezza informatica. È stata analizzata l'evoluzione del cybercrime e il ruolo delle leggi e delle tecnologie nella prevenzione e nella lotta contro i crimini informatici.

Capitolo 8: Criminologia Forense La criminologia forense è stata esplorata in profondità, con particolare attenzione alle tecniche di analisi delle prove e al ruolo delle scienze forensi nella risoluzione dei crimini. Sono stati discussi i metodi scientifici utilizzati nelle indagini, il processo di preparazione e presentazione della testimonianza esperta e l'importanza delle prove forensi nel sistema giudiziario.

1. **Tecniche di Analisi delle Prove** Questo punto ha esaminato i vari metodi scientifici utilizzati nelle indagini criminali, tra cui l'analisi del DNA, delle impronte digitali, la balistica forense, l'analisi delle tracce, la tossicologia, e l'informatica forense. È stata sottolineata l'importanza di queste tecniche per l'identificazione dei colpevoli e la ricostruzione degli eventi.

2. **Ruolo delle Scienze Forensi nella Risoluzione dei Crimini** Sono stati discussi i contributi delle diverse discipline forensi, come la biologia, la chimica, la tossicologia, la balistica, la patologia, l'odontologia e l'antropologia forense. Ogni disciplina fornisce un contributo unico e fondamentale

per la risoluzione dei crimini, migliorando l'efficacia investigativa e garantendo l'equità del processo giudiziario.

3. **Preparazione e Presentazione della Testimonianza Esperta** È stato analizzato il processo di preparazione e presentazione della testimonianza esperta in tribunale, evidenziando l'importanza della selezione dell'esperto, della preparazione del rapporto peritale e della presentazione chiara e convincente delle prove scientifiche durante il processo.

4. **Importanza della Criminologia Forense nel Sistema Giudiziario** Questo punto ha approfondito l'impatto e la rilevanza delle prove forensi nei processi giudiziari, sottolineando come le prove scientifiche possano influenzare l'esito dei processi, identificare e condannare i colpevoli, e proteggere gli innocenti. Sono stati discussi anche gli effetti deterrenti delle tecniche forensi e la loro capacità di promuovere la trasparenza e l'equità nel sistema giudiziario.

In sintesi, questo libro ha esplorato in modo dettagliato e approfondito le varie sfaccettature della criminologia, evidenziando l'importanza delle diverse discipline forensi e il loro impatto sul sistema giudiziario. Attraverso l'analisi delle teorie criminologiche, delle dinamiche sociali e psicologiche, e delle tecniche scientifiche utilizzate nelle indagini, è stato fornito un quadro completo e integrato della criminologia contemporanea. Le prospettive future suggeriscono un continuo sviluppo e miglioramento delle metodologie forensi, nonché un'ulteriore integrazione delle tecnologie avanzate nella lotta contro il crimine, per garantire una giustizia sempre più efficace e equa.

Interconnessioni tra le Diverse Aree di Studio

Collegamenti e integrazioni tra i capitoli

Nel corso di questo libro, diverse aree di studio della criminologia sono state esaminate in modo dettagliato, rivelando come queste discipline si interconnettano e si integrino per fornire una comprensione completa del crimine e del sistema giudiziario. Questa sezione esplora i collegamenti e le integrazioni tra i capitoli, sottolineando l'importanza di un approccio olistico e interdisciplinare nella criminologia.

1. Teorie del Crimine e Sociologia del Crimine

Le teorie del crimine (Capitolo 2) e la sociologia del crimine (Capitolo 3) sono strettamente collegate, poiché entrambe cercano di spiegare le cause del comportamento criminale. Le teorie sociologiche del crimine, come la teoria dell'anomia di Merton e la teoria del controllo sociale di Hirschi, integrano concetti chiave delle teorie criminologiche più ampie. La sociologia del crimine esplora come le strutture sociali, le subculture e le dinamiche di gruppo influenzino la propensione al crimine, fornendo un contesto socio-culturale alle teorie del crimine.

2. Psicologia Criminale e Criminologia Forense

La psicologia criminale (Capitolo 4) e la criminologia forense (Capitolo 8) si intersecano nell'analisi del comportamento criminale e nell'applicazione delle scienze forensi per risolvere i crimini. La psicologia criminale fornisce una comprensione delle motivazioni e dei processi mentali dietro il comportamento criminale, che può essere essenziale per interpretare le prove raccolte durante le indagini forensi. Ad esempio, i profili psicologici possono aiutare gli investigatori a identificare sospetti o a comprendere meglio il modus operandi di un criminale.

3. Sistemi di Giustizia Penale e Criminologia Forense

I sistemi di giustizia penale (Capitolo 5) e la criminologia forense (Capitolo 8) sono strettamente interconnessi, poiché le prove forensi giocano un ruolo cruciale nei processi giudiziari. Le tecniche forensi, come l'analisi del DNA e le impronte digitali, forniscono prove concrete che possono essere utilizzate in tribunale per ottenere condanne o assoluzioni. Il sistema di giustizia penale dipende fortemente dall'affidabilità delle prove forensi per garantire che le decisioni giudiziarie siano basate su fatti scientificamente verificabili.

4. Criminalità Organizzata e Cybercrime

La criminalità organizzata (Capitolo 6) e il cybercrime (Capitolo 7) rappresentano due forme di criminalità che, sebbene differenti, spesso si sovrappongono e si integrano. Le organizzazioni criminali tradizionali stanno sempre più sfruttando le tecnologie informatiche per facilitare le loro attività illecite, come il riciclaggio di denaro, la frode e il traffico di droga. Il cybercrime, quindi, non è solo una minaccia separata, ma anche una nuova dimensione delle attività della criminalità organizzata, richiedendo un approccio integrato per contrastare efficacemente queste minacce.

5. Teorie del Crimine e Psicologia Criminale

Le teorie del crimine (Capitolo 2) e la psicologia criminale (Capitolo 4) si completano a vicenda nell'offrire una spiegazione del comportamento criminale. Le teorie biologiche e psicologiche del crimine, come la teoria della personalità criminale e la teoria dell'apprendimento sociale, forniscono un quadro concettuale per comprendere i fattori individuali che contribuiscono alla devianza. La psicologia criminale approfondisce questi aspetti, esaminando i tratti psicologici e i disturbi mentali associati al comportamento criminale.

6. Sociologia del Crimine e Criminalità Organizzata

La sociologia del crimine (Capitolo 3) e la criminalità organizzata (Capitolo 6) sono interconnesse attraverso l'analisi delle strutture sociali e delle subculture che alimentano l'attività criminale organizzata. La comprensione delle dinamiche di gruppo, delle reti sociali e delle influenze culturali è essenziale per comprendere come si formano e operano le organizzazioni criminali. Le teorie sociologiche possono spiegare perché determinate comunità o gruppi sociali sono più suscettibili alla formazione di strutture criminali organizzate.

7. Criminologia Forense e Cybercrime

La criminologia forense (Capitolo 8) e il cybercrime (Capitolo 7) si integrano nell'ambito dell'informatica forense, che si occupa dell'analisi dei dati digitali per risolvere i crimini informatici. Le tecniche forensi tradizionali si adattano alle nuove sfide poste dal cybercrime, utilizzando strumenti avanzati per recuperare e analizzare prove digitali, come file cancellati, attività di rete e comunicazioni elettroniche. L'informatica forense è cruciale per indagare su frodi, hacking e altri crimini informatici.

8. Sistemi di Giustizia Penale e Psicologia Criminale

I sistemi di giustizia penale (Capitolo 5) e la psicologia criminale (Capitolo 4) si collegano attraverso l'uso della valutazione psicologica nei processi giudiziari. La psicologia forense fornisce competenze essenziali per valutare la competenza mentale degli imputati, la credibilità dei testimoni e l'idoneità alla testimonianza. Le valutazioni psicologiche sono utilizzate per determinare la responsabilità penale, influenzare le sentenze e progettare programmi di riabilitazione.

9. Criminologia Forense e Criminalità Organizzata

La criminologia forense (Capitolo 8) fornisce strumenti essenziali per combattere la criminalità organizzata (Capitolo 6). Le tecniche forensi, come l'analisi finanziaria forense e la tracciatura delle armi da fuoco, sono utilizzate per smantellare le reti criminali e raccogliere prove contro i membri delle organizzazioni. La collaborazione tra esperti forensi e forze dell'ordine è cruciale per affrontare le complesse sfide poste dalla criminalità organizzata.

10. Innovazione Tecnologica e Evoluzione della Criminologia

L'innovazione tecnologica è un tema trasversale che collega vari capitoli del libro. L'evoluzione delle tecnologie forensi, come l'intelligenza artificiale e l'analisi dei big data, sta trasformando il modo in cui le indagini criminali sono condotte. Queste tecnologie avanzate migliorano la capacità di analisi delle prove, l'efficacia delle indagini e la precisione delle testimonianze esperte, promuovendo una giustizia più efficiente e accurata.

In conclusione, le diverse aree di studio trattate in questo libro sono interconnesse e si completano a vicenda, fornendo una comprensione integrata e multidimensionale della criminologia. L'approccio interdisciplinare è essenziale per affrontare la complessità del crimine e per sviluppare strategie efficaci di prevenzione, indagine e punizione. Le sinergie tra le varie discipline criminologiche migliorano la nostra capacità di comprendere e combattere il crimine, promuovendo un sistema giudiziario più equo e giusto.

Sfide Attuali nella Criminologia

Problemi e questioni aperte

La criminologia contemporanea si trova ad affrontare numerose sfide che riflettono la complessità e la dinamicità del crimine nel mondo moderno. Questi problemi e questioni aperte spaziano dalle evoluzioni tecnologiche ai cambiamenti sociali, alle questioni etiche e giuridiche, richiedendo un approccio flessibile e multidisciplinare per essere affrontati efficacemente. Di seguito vengono esplorate alcune delle principali sfide attuali nella criminologia.

1. Evoluzione del Cybercrime

Il cybercrime rappresenta una delle sfide più significative per la criminologia moderna. La rapidità con cui si evolvono le tecnologie digitali offre ai criminali nuove opportunità per commettere reati, spesso sfruttando la mancanza di regolamentazioni e la difficoltà delle forze dell'ordine di tenere il passo. Frodi online, hacking, furti di identità e attacchi ransomware sono solo alcune delle minacce emergenti. La difficoltà di tracciare e perseguire i cybercriminali, che spesso operano da giurisdizioni diverse e utilizzano tecniche avanzate di anonimizzazione, rende questa sfida particolarmente complessa.

2. Sovraffollamento Carcerario e Riforma Penitenziaria

Il sovraffollamento carcerario è un problema persistente che affligge molti sistemi di giustizia penale. Le carceri sovraffollate non solo rendono difficile la gestione quotidiana e la riabilitazione dei detenuti, ma contribuiscono anche a condizioni di vita degradanti che violano i diritti umani. La necessità di riformare il sistema penitenziario è quindi urgente, con un crescente interesse per alternative alla detenzione, come i programmi di riabilitazione, le pene alternative e la giustizia riparativa.

3. Disparità Razziali ed Etniche

Le disparità razziali ed etniche nel sistema di giustizia penale rappresentano una sfida critica. Studi hanno dimostrato che individui appartenenti a minoranze etniche sono spesso soggetti a tassi più elevati di arresto, condanna e incarcerazione rispetto ai loro omologhi bianchi. Queste disparità sollevano questioni di equità e giustizia, e richiedono interventi mirati per eliminare i bias sistemici e garantire un trattamento equo per tutti i cittadini.

4. Crimine Organizzato Transnazionale

Il crimine organizzato transnazionale è una minaccia crescente che sfrutta la globalizzazione e le reti internazionali per trafficare droga, armi, esseri umani e contrabbando. Queste organizzazioni criminali sono altamente sofisticate e operano su scala globale, rendendo difficile il loro contrasto da parte delle forze dell'ordine nazionali. La cooperazione internazionale e la condivisione di informazioni sono essenziali per affrontare efficacemente questa sfida.

5. Violenza di Genere e Domestica

La violenza di genere e domestica continua a essere una grave preoccupazione a livello globale. Nonostante gli sforzi per sensibilizzare e prevenire questi crimini, molte vittime continuano a subire abusi in silenzio a causa della paura, della stigmatizzazione e della mancanza di supporto adeguato. Migliorare l'accesso ai servizi di supporto, rafforzare le leggi contro la violenza di genere e promuovere cambiamenti culturali sono passi cruciali per affrontare questo problema.

6. Riforma della Polizia e Relazioni Comunitarie

Le relazioni tra le forze di polizia e le comunità sono state messe sotto pressione in molti paesi, spesso a causa di casi di uso eccessivo della forza, discriminazione e mancanza di trasparenza. La riforma della polizia, che include la formazione su de-escalation, la diversificazione delle forze di polizia e la promozione della trasparenza e dell'accountability, è essenziale per ricostruire la fiducia pubblica e migliorare la sicurezza comunitaria.

7. Problemi di Salute Mentale nel Sistema Giudiziario

Le persone con problemi di salute mentale sono sovrarappresentate nel sistema di giustizia penale. Spesso, la mancanza di risorse adeguate per la salute mentale porta a un aumento degli arresti e delle incarcerazioni di individui con disturbi mentali. La necessità di sviluppare politiche che favoriscano il trattamento e la riabilitazione piuttosto che la punizione è critica per garantire un trattamento umano e appropriato di questi individui.

8. Tecnologia e Privacy

L'uso crescente della tecnologia nelle indagini criminali, come la sorveglianza elettronica, il riconoscimento facciale e l'analisi dei big data, solleva importanti questioni di privacy e diritti civili. Bilanciare la necessità di sicurezza con la protezione delle libertà individuali è una sfida continua. Le normative devono essere aggiornate per affrontare le nuove realtà tecnologiche e garantire che i diritti dei cittadini siano protetti.

9. Cambiamenti Climatici e Crimine Ambientale

I cambiamenti climatici e i crimini ambientali stanno emergendo come nuove sfide per la criminologia. Il traffico di specie protette, l'inquinamento illegale e la deforestazione sono solo alcuni esempi di crimini ambientali che hanno gravi conseguenze per l'ecosistema globale. La criminologia ambientale deve sviluppare nuovi approcci per affrontare questi crimini e promuovere la sostenibilità e la protezione dell'ambiente.

10. Giustizia Riparativa e Mediazione

La giustizia riparativa, che si concentra sulla riparazione del danno e sulla mediazione tra vittime e autori di reato, sta guadagnando attenzione come alternativa ai modelli punitivi tradizionali. Tuttavia, l'implementazione efficace della giustizia riparativa presenta sfide significative, tra cui la formazione adeguata dei facilitatori, la selezione appropriata dei casi e l'ottenimento del consenso delle parti coinvolte.

11. Radicalizzazione e Terrorismo

La radicalizzazione e il terrorismo rappresentano una minaccia persistente e complessa. Comprendere i processi di radicalizzazione e sviluppare strategie efficaci per prevenire e contrastare il terrorismo richiede un approccio interdisciplinare che coinvolga la criminologia, la sociologia, la psicologia e le scienze politiche. La collaborazione internazionale è fondamentale per affrontare questa sfida globale.

12. Data Science e Criminologia Predittiva

L'uso della data science e degli algoritmi predittivi nella criminologia è in crescita. Questi strumenti possono aiutare a identificare modelli di criminalità e a prevenire crimini futuri. Tuttavia, l'affidabilità e l'eticità di questi sistemi sono ancora oggetto di dibattito. È essenziale garantire che i modelli predittivi siano trasparenti, equi e non discriminatori.

In conclusione, la criminologia contemporanea deve affrontare una serie di sfide complesse e in continua evoluzione. Questi problemi richiedono approcci innovativi, cooperazione interdisciplinare e un forte impegno verso la giustizia sociale e i diritti umani. Solo attraverso una comprensione approfondita e una risposta adattiva a queste sfide sarà possibile migliorare l'efficacia del sistema di giustizia penale e promuovere una società più sicura e giusta.

Opportunità di Evoluzione del Campo

Futuri sviluppi e innovazioni nella criminologia

Il campo della criminologia è in continua evoluzione, guidato dai cambiamenti sociali, tecnologici e metodologici. Le innovazioni emergenti offrono nuove opportunità per migliorare la prevenzione, l'indagine e la risoluzione dei crimini, nonché per promuovere una giustizia più equa e inclusiva. Di seguito vengono esplorati alcuni dei futuri sviluppi e innovazioni che promettono di trasformare il campo della criminologia.

1. Intelligenza Artificiale e Machine Learning

L'intelligenza artificiale (IA) e il machine learning stanno rivoluzionando molti settori, compresa la criminologia. Queste tecnologie possono analizzare grandi quantità di dati per identificare modelli e tendenze nel comportamento criminale, aiutando le forze dell'ordine a prevenire crimini e a migliorare l'efficienza delle indagini. Ad esempio, gli algoritmi predittivi possono essere utilizzati per allocare risorse di polizia in modo più efficace, identificando le aree a rischio di crimine e monitorando i movimenti dei sospetti.

2. Criminologia Computazionale

La criminologia computazionale utilizza modelli matematici e simulazioni al computer per studiare i fenomeni criminali. Questo approccio permette di analizzare scenari complessi e di testare le politiche di prevenzione del crimine in ambienti virtuali prima di applicarle nel mondo reale. La simulazione di attività criminali e l'analisi dei dati attraverso modelli computazionali possono offrire nuove intuizioni su come prevenire e ridurre il crimine.

3. Analisi dei Big Data

L'analisi dei big data offre opportunità senza precedenti per comprendere e combattere il crimine. Con la raccolta di dati provenienti da diverse fonti, come i social media, le telecamere di sorveglianza e i dispositivi IoT, è possibile ottenere una visione più completa delle dinamiche criminali. L'analisi dei big data può aiutare a identificare comportamenti sospetti, tracciare reti criminali e prevedere eventi criminosi, migliorando la capacità delle forze dell'ordine di intervenire tempestivamente.

4. Biometria Avanzata

Le tecnologie biometriche avanzate, come il riconoscimento facciale, l'identificazione delle impronte digitali e la scansione dell'iride, stanno diventando strumenti cruciali nelle indagini criminali. Queste tecnologie migliorano l'accuratezza e la velocità dell'identificazione dei sospetti, facilitando l'accesso a informazioni critiche in tempo reale. Tuttavia, è essenziale bilanciare l'uso di queste tecnologie con il rispetto della privacy e dei diritti civili.

5. Criminologia Ambientale e Spaziale

La criminologia ambientale e spaziale studia come gli ambienti fisici e le configurazioni spaziali influenzano il crimine. L'uso di GIS

(Geographic Information Systems) e altre tecnologie di mappatura permette di analizzare i dati spaziali per comprendere meglio i modelli di criminalità e pianificare interventi mirati. Questa prospettiva può aiutare a progettare città più sicure e a ridurre le opportunità di crimine attraverso modifiche dell'ambiente urbano.

6. Genetica Forense

La genetica forense sta facendo passi avanti significativi con lo sviluppo di nuove tecniche di analisi del DNA. L'uso del DNA mitocondriale, del DNA antico e delle tecnologie di sequenziamento di nuova generazione permette di ottenere informazioni più dettagliate e accurate, anche da campioni molto degradati o limitati. Questi progressi aumentano la capacità di risolvere casi freddi e di identificare vittime e sospetti con maggiore precisione.

7. Realtà Aumentata e Virtuale

Le tecnologie di realtà aumentata (AR) e virtuale (VR) stanno trovando applicazioni nella formazione delle forze dell'ordine e nella ricostruzione delle scene del crimine. La VR può essere utilizzata per creare simulazioni immersive che aiutano gli investigatori a praticare tecniche di indagine e a visualizzare scene del crimine in modo tridimensionale. L'AR può sovrapporre informazioni digitali all'ambiente reale, fornendo agli investigatori dati cruciali mentre sono sul campo.

8. Criminologia Culturale

La criminologia culturale esamina come la cultura, i valori e le norme sociali influenzano il comportamento criminale. Questo approccio integrato considera le dinamiche culturali e sociali che contribuiscono alla criminalità, offrendo una visione più completa delle cause del crimine. La criminologia culturale può aiutare a sviluppare interventi preventivi che tengano conto delle specificità culturali delle comunità.

9. Giustizia Riparativa e Approcci Alternativi

La giustizia riparativa e altri approcci alternativi stanno guadagnando terreno come strategie efficaci per affrontare il crimine e promuovere la riabilitazione. Questi approcci si concentrano sulla riparazione del danno, la responsabilizzazione dell'autore del reato e il coinvolgimento della vittima nel processo di giustizia. La diffusione della giustizia riparativa può contribuire a ridurre la recidiva e a promuovere una maggiore coesione sociale.

10. Cooperazione Internazionale

La globalizzazione del crimine richiede una cooperazione internazionale più stretta tra le forze dell'ordine, i governi e le organizzazioni non governative. La condivisione di informazioni, la formazione congiunta e le operazioni collaborative sono essenziali per affrontare minacce transnazionali come il traffico di droga, la tratta di esseri umani e il terrorismo. Il rafforzamento delle reti internazionali di cooperazione può migliorare l'efficacia delle operazioni contro il crimine organizzato e transnazionale.

11. Criminologia Verde

La criminologia verde è un campo emergente che si occupa dei crimini ambientali e delle loro conseguenze per la società e l'ecosistema. Questo approccio si concentra su problemi come l'inquinamento, il bracconaggio e la distruzione degli habitat naturali. Promuovere la criminologia verde significa sviluppare nuove leggi e politiche per proteggere l'ambiente e affrontare i crimini ecologici in modo più efficace.

12. Educazione e Formazione Continua

L'educazione e la formazione continua degli operatori del settore sono fondamentali per mantenere il passo con le innovazioni e le nuove sfide della criminologia. Programmi di formazione avanzata, workshop e conferenze possono aiutare gli investigatori, i giudici, gli avvocati e gli accademici a rimanere aggiornati sulle ultime tendenze e tecnologie, migliorando la qualità delle indagini e dei processi giudiziari.

In conclusione, le opportunità di evoluzione del campo della criminologia sono numerose e promettenti. L'integrazione di nuove tecnologie, l'adozione di approcci interdisciplinari e la promozione della cooperazione internazionale sono essenziali per affrontare le sfide contemporanee e future. Questi sviluppi non solo migliorano l'efficacia delle indagini e delle politiche di prevenzione del crimine, ma contribuiscono anche a creare un sistema di giustizia più equo, inclusivo e resiliente.

Capitolo 10
Appendici e Risorse

Glossario dei Termini Chiave

Definizioni dei termini importanti

Questo glossario fornisce le definizioni dei termini chiave utilizzati nel campo della criminologia, facilitando la comprensione dei concetti discussi nei capitoli precedenti. Ogni termine è definito in modo conciso e chiaro per aiutare i lettori a navigare tra i complessi argomenti trattati nel libro.

Analisi del DNA: Tecnica utilizzata per identificare le caratteristiche genetiche di un individuo attraverso il confronto di campioni biologici, come sangue, saliva o capelli.

Antropologia Forense: Disciplina che si occupa dell'identificazione di resti umani scheletrici e della determinazione di età, sesso, etnia e altre caratteristiche fisiche.

Balistica Forense: Studio delle armi da fuoco, dei proiettili e delle traiettorie per determinare informazioni come la distanza di sparo e il tipo di arma utilizzata.

Biometria: Tecnologie che utilizzano caratteristiche fisiche o comportamentali per identificare gli individui, come impronte digitali, riconoscimento facciale e scansione dell'iride.

Big Data: Grandi quantità di dati complessi e voluminosi che richiedono tecnologie avanzate per l'analisi, l'elaborazione e l'interpretazione.

Cromatografia: Tecnica di separazione utilizzata in chimica forense per identificare i componenti di una miscela, spesso utilizzata per l'analisi di droghe e sostanze tossiche.

Cybercrime: Crimini commessi utilizzando tecnologie informatiche, inclusi hacking, frodi online, furto di identità e attacchi ransomware.

DNA Mitocondriale: Tipo di DNA trovato nei mitocondri delle cellule, utilizzato in genetica forense per identificare individui quando il DNA nucleare è degradato o insufficiente.

Entomologia Forense: Studio degli insetti presenti su resti umani per stimare il tempo trascorso dalla morte (tempo di morte).

GIS (Geographic Information Systems): Sistema informatico che cattura, immagazzina, analizza e visualizza dati geografici, utilizzato per analizzare i modelli di criminalità e pianificare interventi.

Giustizia Riparativa: Approccio alla giustizia che si concentra sulla riparazione del danno causato dal crimine, coinvolgendo vittime, autori del reato e comunità nella risoluzione del conflitto.

IA (Intelligenza Artificiale): Tecnologie che simulano l'intelligenza umana, utilizzate per analizzare dati complessi e identificare modelli nel comportamento criminale.

Informatica Forense: Disciplina che analizza dispositivi elettronici e dati digitali per raccogliere prove utilizzabili nelle indagini criminali.

Microscopia Elettronica: Tecnica di imaging ad alta risoluzione utilizzata per esaminare prove fisiche a livello microscopico, come fibre, vernici e residui di sparo.

Patologia Forense: Campo medico-legale che determina la causa e le circostanze della morte attraverso esami post-mortem e autopsie.

Profilazione Criminale: Tecnica investigativa che utilizza l'analisi comportamentale e psicologica per identificare le caratteristiche di un autore di reato sconosciuto.

Riconoscimento Facciale: Tecnologia biometrica che identifica o verifica l'identità di un individuo analizzando le caratteristiche facciali.

Spettrometria di Massa: Tecnica analitica che misura la massa degli ioni per identificare la composizione chimica di una sostanza, utilizzata in tossicologia forense.

Teoria dell'Anomia: Teoria sociologica che suggerisce che il crimine è il risultato di una disconnessione tra gli obiettivi culturali e i mezzi disponibili per raggiungerli.

Teoria del Controllo Sociale: Teoria criminologica che propone che i legami sociali forti e l'impegno verso le norme e i valori della società riducono la probabilità di comportamenti criminali.

Tossicologia Forense: Studio delle sostanze tossiche e dei loro effetti sul corpo umano, utilizzato per determinare la presenza di droghe, alcol o veleni.

VR (Realtà Virtuale): Tecnologia che crea ambienti simulati tridimensionali per l'addestramento e la ricostruzione di scene del crimine, migliorando le capacità investigative.

White Collar Crime (Crimine dei Colletti Bianchi): Crimini finanziari commessi da individui di alto rango sociale o professionale, come frodi, corruzione e insider trading.

Questo glossario offre un punto di riferimento rapido e utile per comprendere i termini e i concetti chiave discussi nel libro. La comprensione di questi termini è essenziale per navigare efficacemente attraverso i complessi argomenti della criminologia e delle scienze forensi.

Ringraziamenti

Desidero esprimere la mia sincera gratitudine a te, caro lettore, per aver dedicato il tuo tempo e la tua attenzione alla lettura di questo libro. La tua curiosità e il tuo impegno nell'esplorare il complesso mondo della criminologia sono fonte di grande ispirazione.

Il tuo interesse e la tua dedizione nel comprendere le dinamiche del crimine e della giustizia sono fondamentali per promuovere un sistema più equo e inclusivo. Spero che le informazioni e le intuizioni contenute in questo libro ti siano state utili e stimolanti, e che ti abbiano fornito nuovi strumenti per affrontare e comprendere il crimine in tutte le sue forme.

Grazie per aver condiviso questo viaggio con me. Continua a esplorare, imparare e contribuire alla costruzione di un mondo più sicuro e giusto.

Se pensi che questo libro ti sia piaciuto e ti abbia aiutato ti chiedo solo di dedicare pochi secondi per lasciare una breve recensione su Amazon!

Grazie

Stefano F. Muneracchi

www.ingramcontent.com/pod-product-compliance
Lightning Source LLC
Chambersburg PA
CBHW051058250726
48656CB00001B/353